本书得到 2015 年度教育部人文社会科学研究青年基金项目"社会资本导向型扶贫模式及其政策应用研究"（项目批准号：15YJC840020）、2018 年度深圳市哲学社会科学规划课题"深圳率先建设共建共治共享社区治理体系研究"（项目编号：SZ2018D013）的资助

"十三五"国家重点图书出版规划项目

中国减贫研究书系 / 案例研究
CHINA'S POVERTY ALLEVIATION SERIES

丰裕社会的贫困及其治理
香港的经验与启示

ALLEVIATING NEW POVERTY IN
AFFLUENT SOCIETY:
The Hong Kong Experience

刘 敏 / 著

社会科学文献出版社
SOCIAL SCIENCES ACADEMIC PRESS (CHINA)

前　言

　　伴随丰裕社会的来临,中国内地的绝对性、分散性、发展性贫困问题得到有效克服,相对性、集中性、结构性贫困问题却逐渐凸显,对于前者我们积累了丰富的经验,也取得了瞩目的成绩,对于后者我们理论研究和政策应用的经验尚不多。本书以香港为例深入探究丰裕社会的贫困问题的形式、特点、性质、成因及其治理方案,希冀为廓清和解决丰裕社会的贫困问题做些抛砖引玉的工作。

　　香港是探究丰裕社会贫困问题的绝佳案例:一方面,香港是全球重要的金融中心、商贸服务业中心及航运枢纽,经济社会发展水平位居世界前列;另一方面,香港是一个贫富两重天的社会,是全球发达经济体中贫富差距最大的地区,也是全球贫富差距最为严重的地区之一。自20世纪50年代以来,香港先后经历三次经济转型,从一个小小的贸易转口港一跃成为"亚洲四小龙"之一。但是,在经济社会快速发展的背后,却始终面临贫富差距扩大和贫困问题恶化。在经济快速发展过程中出现贫困问题恶化,这非香港独有的现象,香港贫困问题的独特之处在于其贫富差距之大、持续时间之长,不仅是"亚洲四小龙"所独有,亦属全球发达经济体所罕见。根据库兹涅茨"倒U曲线"假设:收入分配在"经济增长早期阶段迅速扩大,尔后是短暂的稳定,然后在增长的后期阶段逐渐缩小"。香港的收入分配在经济发展过程中并未出现"倒U曲线"所预测的"先恶化,后改进",而是呈现"长时期持续恶化"的特点,这种情况在同等经济水平的地区极为罕见。

　　首先,本书从历史与现实两个维度系统地研究香港贫困问题的历史演变与现实图景,重点考察香港三次经济转型过程中贫困问题的演变历程,廓清香港贫困问题的主要形式、量度标准、分布特征、人口规模以及根本原因,分析香港社会比较突出的老人贫困、儿童及青少年贫困、失业贫困、在职低收入贫困、单亲家庭贫困等问题。其次，系统地考察香港社会的扶贫理念、政策及举措，探讨香港在深化官商民三方合作、促进社会投资、缩减贫富差距以及构建"政府+市场+社会"大扶贫格局等方面的经验，为内地扶贫政策创新提供经验借鉴。最后，以香港为例总结丰裕社会贫困问题的形式、特点、性质、成因和扶贫策略，为治理丰裕社会的贫困问题提供理论启示与政策经验。

本书在三个方面做出了新的富有意义的探索。

首先，深入探究丰裕社会的新型贫困问题。目前国内贫困研究的关注点多在传统贫困问题，对丰裕社会的新型贫困问题的研究较少。本书以香港为例探讨丰裕社会贫困问题的形式、特点、性质及成因，探究其贫困成因及治理方案，对于新时期中国精准扶贫政策创新具有重要意义。相比传统贫困问题，丰裕社会的贫困问题在形式上以相对性贫困为主，在分布上具有集中性贫困特征，在成因上属于结构性贫困，在扶贫策略上侧重存量式扶贫，其表现形式更加多样、致贫原因更加复杂、扶贫工作更加棘手。

其次，系统考察香港社会的扶贫经验。当我们在享受丰裕社会带来的繁荣与富庶时，也遭遇收入悬殊和贫富两极化的阵痛。相比内地，香港属于先发地区，遭遇丰裕社会的贫困问题更早，应对经验更为丰富和成熟。本书从贫困救助、社会福利、NPO扶贫、调节贫富差距等方面比较系统地考察了香港社会的扶贫理念、政策及举措，为内地应对和缓解丰裕社会的贫困问题提供理论与政策经验。香港的经验表明，要坚持增量扶贫和存量扶贫相结合、政府扶贫和社会扶贫相结合、兜底扶贫和开发扶贫相结合、外延扶贫与内涵扶贫相结合，推动扶贫开发从事后补救到事前预防、从贫困救助到社会投资、从维持基本生计到促进可持续发展的转变。

最后，提出了"倒U曲线"反例、增量式扶贫、存量式扶贫等富有见解的命题。增量扶贫可以解决绝对性和发展性贫困，却无法解决相对性和结构性贫困，随着经济向更高阶段发展，增量扶贫的边际效益会递减，存量扶贫的边际效益会递增。香港以快速经济增长为核心的增量扶贫策略，带来了绝对贫困的快速缓解，但也引起了相对贫困的不断恶化。香港并未出现"倒U曲线"所预测的"先恶化，后改进"，这既证明了"倒U曲线"经验的局部性，也说明了香港发展经验的特殊性。香港的教训为我们敲响了警钟：如果重增量发展轻存量分配，经济发展不仅不能缓解贫困，反而会加剧相对性和结构性贫困问题。要治理丰裕社会的贫困问题，包容性经济增长（inclusive economic growth）和益贫式社会发展（pro-poor social development）至关重要。

目 录

第一章 导论 ……………………………………………………… 1
 一 问题的提出 …………………………………………………… 1
 二 丰裕社会的贫困问题 ………………………………………… 3
 三 以香港作为典型案例 ………………………………………… 4

第二章 香港贫困问题的历史演变 ……………………………… 6
 一 早期及工业化初期的贫困问题 ……………………………… 6
 二 后工业化时期的贫困问题 …………………………………… 8
 三 亚洲金融危机后的贫困问题 ………………………………… 10
 四 新一轮经济转型期的贫困问题 ……………………………… 15
 五 "倒U曲线"的反例 ………………………………………… 19
 六 经济增长与贫困缓解的关系 ………………………………… 22

第三章 香港贫困问题的现实图景 ……………………………… 25
 一 贫困的主要形式 ……………………………………………… 25
 二 贫困的量度标准 ……………………………………………… 28
 三 贫困的分布特征 ……………………………………………… 31
 四 贫困的人口规模 ……………………………………………… 34
 五 贫困的根本原因 ……………………………………………… 38

第四章　香港贫困人口分布 ······················· 42
一　老人贫困 ······························· 42
二　儿童及青少年贫困 ························· 45
三　病残人士贫困 ····························· 48
四　失业贫困 ································· 50
五　在职贫困 ································· 52
六　单亲家庭贫困 ····························· 56
七　贫困人口分布及变动趋势 ··················· 59

第五章　香港的贫困救助 ························· 63
一　社会救助的概念 ··························· 63
二　香港贫困救助的历史 ······················· 65
三　香港的贫困救助体系 ······················· 75
四　香港贫困救助的特点 ······················· 82
五　对贫困救助的启示 ························· 86

第六章　香港适度普惠型社会福利制度 ············· 90
一　社会福利的理想类型 ······················· 90
二　香港社会福利模式的理论争辩 ··············· 93
三　香港适度普惠型社会福利制度的构成 ········· 99
四　香港适度普惠型社会福利制度的特色 ········· 109
五　对社会福利建设的启示 ····················· 112

第七章　香港调节贫富差距的社会机制 ············· 116
一　经济快速发展过程中的贫富差距 ············· 116
二　香港对贫富差距的调节机制 ················· 120
三　对缩减贫富差距的启示 ····················· 126

第八章 香港 NPO 参与贫困治理 ··· 132
 一 NPO 扶贫的兴起 ·· 132
 二 香港 NPO 的发展 ·· 135
 三 香港 NPO 在贫困治理中的作用 ·· 140
 四 对改善贫困治理结构的启示 ·· 145

第九章 结论与启示：丰裕社会的贫困与治理 ··· 148
 一 贫困的表现形式：相对性贫困 ·· 148
 二 贫困的分布特点：集中性贫困 ·· 151
 三 贫困的社会成因：结构性贫困 ·· 154
 四 扶贫的政策范式：存量式扶贫 ·· 157
 五 对治理丰裕社会贫困问题的启示 ·· 160

参考文献 ··· 164

附　录 ·· 184

后　记 ·· 187

第一章
导 论

　　伴随中国内地逐渐迈入丰裕社会，绝对性、分散性、发展性的传统贫困问题得到了有效解决，相对性、集中性、结构性的新型贫困问题却日益凸显，对于前者我们积累了丰富的经验也取得了举世瞩目的成绩，但对于后者我们在理论研究和政策应用上的经验尚不多。丰裕社会的贫困问题，不仅表现为经济匮乏、能力不足，而且更多地具有相对剥夺、社会排斥的特点。本章首先解释丰裕社会的概念，提出新时期精准扶贫的重要课题；其次以香港作为典型案例，探讨丰裕社会的贫困问题。

一　问题的提出

　　"丰裕社会"（affluent society）的概念最早由美国著名经济学家加尔布雷思于20世纪50年代提出，是指经济发展程度和国民收入水平较高的富裕社会。从第二次世界大战结束到20世纪60年代，美国经济发展进入"黄金时期"，在经济快速发展、社会空前繁荣的同时，也面临贫富差距急剧扩大、社会矛盾不断激化的问题。当时处于经济发展"黄金时期"的美国正面临丰裕社会的贫困问题，市场这只"看不见的手"在促进空前的经济繁荣和"私人富足"的同时，也导致"少数人极端贫困"、财富分配严重不平等问题（约翰·肯尼思·加尔布雷思，2009）。对此，加尔布雷思在其经典之作《丰裕社会》中进行了生动而深刻的揭示并开出了"药方"。他认为，解决问题的关键是发挥政府这只"有形之手"的积极作用，扭转公平与效率失衡的局面，加大收入再分配和社会政策的调节力度，增加政府在教育、医疗、住房、公共交通、社会福利等方面的公共开支，通过建立公正合理的收入分配结构来遏制贫富悬殊。加尔布雷思的观点对后来美国乃至西方国家的经济社会政策改革和扶贫战略产生了深远的影响。

美国在步入丰裕社会后所遭遇的上述困扰,后来成为新兴国家和地区在现代化过程中面临的"成长的烦恼":在经济高速发展、社会不断进步的同时,却遭受贫富差距扩大、社会矛盾恶化的"阵痛";"先富者"恣情享受丰裕社会所带来的繁荣和富庶,贫弱者却在贫困的陷阱中苦苦挣扎。时至今日,一些新兴国家和地区也同样面临当年美国社会的困扰:一方面是经济高速发展、民众整体生活水准不断提高;另一方面却是贫富差距扩大、贫困问题恶化。改革开放以降,中国内地保持了经济高速发展,民众整体生活水准不断提高,但与此同时,内地也迅速从一个"平均主义"的社会变为一个贫富差距较大的社会,贫困问题并未得到有效解决。目前中国经济总量稳居全球第二,人均国民收入已达到中等偏上收入国家的水平,整体而言正在迈入丰裕社会的行列。当我们在享受丰裕社会带来的繁荣与富庶时,也遭遇收入悬殊和贫富两极化的阵痛;当我们在成功地复制先发国家和地区的发展经验时,也正在重蹈覆辙,面临它们曾经的困扰。

中国提出到 2020 年,全面建成小康社会,同时消除绝对贫困,实现 7000 万贫困人口全部脱贫。目前我们正处于精准扶贫、脱贫攻坚的关键阶段。精准扶贫的一个重要前提是扶贫政策要精准适应经济社会发展与贫困问题的演变。就经济社会发展而言,中国正在迈入丰裕社会,按照世界银行的统计,2016 年中国 GDP 近 11.20 万亿美元,占全球经济总量的 14.84%,稳居世界第二;人均 GDP 超过 8100 美元,达到中等偏上收入国家的水平。就贫困问题的演变而言,伴随丰裕社会的来临,中国的绝对性、分散性、发展性贫困问题得到有效解决,相对性、集中性、结构性贫困却逐渐凸显,对于前者我们积累了丰富的经验也取得了举世瞩目的成绩,但对于后者我们在理论研究和政策应用上的经验尚不多,为此做些抛砖引玉的工作正是本书的初衷。因此,新时期精准扶贫的一个重要课题就是要适应经济社会发展与贫困问题的演变,更加深入地研究丰裕社会贫困问题的性质与特点,探究其贫困成因及治理方案,为新时期中国精准扶贫政策创新提供理论与政策参考。

二　丰裕社会的贫困问题

贫困是一个普遍性问题，古今中外概莫能外；贫困也是一个历史性和社会性问题，不同国家和地区由于发展阶段和水平不同，贫困问题的形式、性质、成因乃至扶贫策略，都存在显著差异。从历史的角度看，贫困研究经历了一个从关注收入贫困到能力贫困再到社会排斥的过程，与之相适应，贫困治理的范式也经历了从物质资本导向的救助式扶贫到人力资本导向的开发式扶贫再到社会资本导向的参与式扶贫的历史发展过程（刘敏，2009）。长期以来，我国的贫困研究更多地关注发展中国家和落后社会的贫困问题，而较少关注发达国家和丰裕社会的贫困问题。落后国家显露的衣不蔽体、食不果腹的贫困问题，往往因其一贫如洗的惨境很容易引起人们的注意和怜悯；丰裕社会潜伏的贫富悬殊、相对剥夺的贫困问题，往往被车水马龙、摩天高楼和霓虹灯的都市繁华景象所遮蔽。

与欠发达社会相比，丰裕社会由于发展阶段和水平更高，其贫困问题的形式、性质、成因乃至扶贫策略都存在显著差异。在很大程度上，丰裕社会贫困问题的表现形式更加多样、致贫原因更加复杂、扶贫工作更加棘手，对此国内学术界已有的专门研究很少。例如，从表现形式看，丰裕社会的贫困不仅仅是绝对剥夺、绝对贫困，更多的是相对剥夺、相对贫困。相比传统社会的绝对贫困问题，丰裕社会的相对贫困问题更加棘手、更难解决。这是因为，只要经济社会发展到一定程度，广大赤贫者得以脱贫，实现温饱乃至小康时，绝对贫困问题便迎刃而解；相对贫困问题却无法根治，但凡根据社会平均生活水平来界定贫困，总会有一部分人生活在相对贫困线以下。从致贫机制看，丰裕社会的贫困不仅仅是因为经济社会发展程度较低或者贫困者面临经济匮乏、能力不足，而是在更大程度上由于社会结构不合理、收入分配不均或者贫困者遭受社会排斥。在这种情况下，仅仅依靠经济增长或者扩大国民收入总量，并不能从根本上缓解贫困问题，而需要推行更加包容的经济社会政策，建立更加公平合理的收入分配格局。

总之，丰裕社会的贫困问题，既表现为经济匮乏、能力不足、绝对剥夺，也表现为社会排斥、收入不公、相对剥夺；既有个人能力不足或者发展水平不高而导致的传统贫困问题的特点，又有经济社会转型或者社会分配不均而导致的新型贫困问题的特点。美国学者马修·德斯蒙德在其《扫地出门：美国城市的贫穷与暴利》中生动深刻地揭示了美国丰裕社会背后残酷的贫困问题：成千上万的贫困家庭因为经济拮据无法支付房租而被扫地出门，从一个贫民区被驱赶到另一个贫民区，在被驱逐的路上，孩子们被迫转学或辍学、大人们频频失业或从社会联系网中消失、全家颠沛流离被社会抛弃——驱逐不仅是贫困之果，亦是贫困之因，是对基本权利的剥夺和排斥，"是一种极度的不平等、是不给人机会翻身、是对人类基本需求的否定与罔顾、是看着人无端受苦还去充当帮凶"（马修·德斯蒙德，2018：403）。因此，探究丰裕社会的贫困问题，必须在经济视角和能力视角之外引入社会视角，更多地关注贫困群体所遭受的经济、政治和文化排斥。与此相适应，治理丰裕社会的贫困问题，不仅要充分运用物质资本理论、人力资本理论的政策工具，也要引入社会资本的概念和政策工具；不仅要有效促进经济可持续发展、不断扩大国民收入总量，也要更加关注经济增长的质量，努力实现包容性经济增长（inclusive economic growth）和益贫式社会发展（pro-poor social development）。

三　以香港作为典型案例

香港是丰裕社会长期饱受贫困问题困扰的一个典型案例，生动地体现了丰裕与贫困的双重性。

一方面，作为"亚洲四小龙"之一，香港是全球重要的金融中心、商贸服务业中心及航运枢纽，经济发展水平和总体社会富裕程度位居世界前列，是一个典型的丰裕社会。根据联合国开发计划署（UNDP）发布的《人类发展指数报告》，2015 年香港人类发展指数达到 0.917，超过英国的 0.909、日本的 0.903，属于发展水平极高的地区（UNDP，2016：204）。2015 年香港人均收入达到 4 万美元，超过日本位列高收入国家和地区的前列；家庭月收入中位数达到 2.5 万港元，社会总体收入水平较高（香港特别行政区政府统计处，2015：51）。

另一方面，香港是一个贫富两重天的社会，是全球贫富差距最大的地区之一。这里富人富可敌国，亿万富翁比比皆是，穷人则穷困潦倒，靠政府救助为生。联合国开发计划署在其多次发布的人类发展报告中认为，香港是全球经济发达体中贫富差距最大的地区，也是全球贫富悬殊最为严重的地区之一。近年来香港电台热播的《穷富翁大作战》生动地揭示了香港社会丰裕背后的贫困问题，节目通过角色互换和真人秀的形式，诉说着丰裕社会贫困者的命运——他们穷困潦倒，蜷缩在笼屋甚至露宿街头，为一日三餐而忙碌奔波，陷入贫困陷阱，希冀改变却又无能为力，挣扎在社会边缘，渴望尊严却又饱受他人的白眼与歧视，斯人斯事仿佛被这座国际大都会的繁华外表所遮盖和遗忘。

香港社会丰裕与贫困的双重性，为深入探讨丰裕社会的贫困问题提供了典型案例，也为中国内地创新扶贫政策提供了正反两方面的经验教训。本书以香港为例深入探究丰裕社会贫困问题的历史演变、表现形式、性质特点、主要成因和扶贫策略，从贫困救助、社会福利、NPO扶贫、调节贫富差距等方面系统考察香港社会的扶贫理念、政策及举措，希冀有助于增进对丰裕社会贫困问题及解决方案的理论认识，进一步思考中国内地在快速经济发展中面临的贫困问题，推动丰裕社会精准扶贫模式的理论研究和政策创新。

第二章
香港贫困问题的历史演变

香港是一个经济高度发达的社会，经济发展水平在亚洲乃至世界名列前茅，为"亚洲四小龙"之一。香港也是一个贫富极为悬殊的社会，其贫富差距之大位居全球经济体前列。长期以来，香港在经济发展、社会繁荣的背后，隐藏着一个令人担忧的社会问题，那就是贫富差距不断扩大，贫困问题持续恶化。自20世纪50年代初启动工业化以来，香港的贫困问题不仅并未随着其经济快速发展、总体富裕程度提高而得到缓解，反而不断恶化，其贫富差距之大、持续时间之久为发达经济体所罕见。本章结合三次经济转型，分析20世纪50年代以来不同历史时期香港贫困问题的演化，并揭示香港不断恶化的贫富悬殊偏离"倒U曲线"的现象及其政策含义。

一 早期及工业化初期的贫困问题

从历史的角度看，由于经济社会发展阶段不同，香港的贫困问题也相应经历了一个历史演变过程，并且在不同阶段呈现不同的特点。从开埠到第二次世界大战后的一百多年时间里，香港是一个贸易转口港，主要以从事转口贸易维持生存，尚未经历工业化，经济结构简单且发展水平不高。当时种族隔离和种族歧视现象严重，社会被分割成两个泾渭分明的群体——欧人社会和华人社会，在香港的欧洲人和华人彼此很少相互往来。整个社会贫富悬殊，少数官僚和富商阶层垄断了社会大部分的财富，工人、苦工、仆役、船民和佃农等其他劳动生产者处于社会底层。食不果腹、寝不安身、居无定所，是香港社会底层人民生活贫困的集中表现，也是困扰华人下层社会的突出问题（余绳武、刘存宽，1994：353~407）。

第二次世界大战后，由于国际政治经济格局的新变化，香港的转口贸易地位江河日下。为寻求新的发展契机，从20世纪50年代初起，香港开始了迅速的工业化步伐，迎来了第一个经济高速发展的"黄金期"。这一时期是香港的第一次经济转型期。1950~1970年，香港年均经济增长率达到10%（保罗·惠廷、侯雅文等，2001b：2），制造业飞速发展，经济结构发生巨变，到1970年，香港的工业出口占总出口的81%。在这短短的20余年时间里，凭借出口导向型的工业发展战略，香港迅速完成了第一次经济转型即"工业化"，从单纯的贸易转口港转变为新兴工业化城市，迈入"新兴工业化经济"（newly industrialized economy）之列。

然而，工业化并未缓解香港的贫困问题。在经济快速发展的同时，香港的贫富差距迅速扩大，贫困人口急剧增加。在二战后的10余年时间里，中国内地涌入香港的难民超过200万人。大规模移民潮的涌入导致贫困移民和难民的数量暴增，形成了一个人数众多的赤贫移民群体（destitute immigrants）。这些难民背井离乡来到香港，流离失所，一贫如洗，沦为赤贫阶层。"他们只得到最基本的供应，每一个人都有饭吃有水喝，有些人还分到了临时住所，除此之外，他们就只有自谋生路了。"（弗兰克·韦尔什，2009：456）当时的港英政府主要指望本港和国际慈善组织向难民提供紧急救助，在贫困救助方面持消极态度。由于住房紧缺，大量难民就在山坡和空地上搭建简易房屋，这些房屋也被称为寮屋，寮屋区居住环境恶劣，容易发生火灾。1953年12月25日香港深水埗发生石硖尾寮屋区大火，令5.3万名灾民无家可归。虽然在石硖尾大火发生后港英政府开始改革房屋政策，为灾民提供徙置大厦和容身之所，但并未着手建立现代社会保障制度。

20世纪五六十年代，香港工业化迅速改变了传统的家庭和人口结构，传统的大家庭保障功能濒于崩溃，新的社会保障制度又尚未建立起来，许多老人、儿童、残疾人和失业人士由于缺乏必要保障而陷入贫困和匮乏状态（Jones，1990：173）。在工业化初期，劳资关系紧张、劳资纠纷不断，由于工作环境恶劣、工资水平低下和缺乏必要的生活保障，许多工人沦为贫困群体（Turner et al.，1980：12），他们对社会的不满情绪增长，这直接引发了1966年、1967年的两次暴动（李霭雯，2001：158）。进入70年代中期，受石油危机和资本主义世界经济危机的影响，香港经济一度衰退，失业率急剧上升。在这段经济低谷期，贫困问题明显恶化，低收入、失业等贫困人士饱受失业和通货膨胀的双重打击，许多人陷入困境。1971年香港的基尼系数是0.44，1981年上升至0.48，贫富差距进一步扩大（冯可立，2004：251～265）。

二 后工业化时期的贫困问题

这一时期是香港的第二次经济转型期。进入20世纪80年代后，香港经济逐渐恢复并进入新的多元化蓬勃发展时期，开始了从制造业经济向服务业经济的转型。其间，香港传统制造业的地位逐渐下降，金融、贸易、物流、旅游等新兴服务业迅速崛起并成为主导产业。1994年，制造业占地区生产总值的比重下降至不足10%，1995年服务业占地区生产总值的比重达83%，到90年代中叶，香港基本完成了第二次经济转型，在工业化的基础上实现了"后工业化"（《香港大瞭望》编写组，1996：68～70）。在这一时期，香港继续保持了经济高速增长。从表2-1可以看到，香港的地区生产总值在1981～1990年平均每年增长约15%，减除通货膨胀的因素，平均每年实质增长约5%，十年间实质增长达72%，经济增长速度位居"亚洲四小龙"之首。进入90年代，香港的经济增长速度更快，1990～1997年平均每年增长14.22%，实质增长5.22%，单是1991～1997年，香港的生产总值就翻了近一倍。

表2-1 香港地区生产总值增长情况（1981～1997年）

单位：百万元

年份	生产总值	通胀指数（1990=100）	实质生产总值
1981	170750	50.4	338790
1982	192488	55.3	348080
1983	212673	57.8	367946
1984	256493	63.4	404563
1985	271655	66.8	406669
五年总增长（%）	59.10	32.54	20.04

续表

年份	生产总值	通胀指数（1990=100）	实质生产总值
每年增长（%）	11.82	6.51	4.01
1986	312561	69.4	450376
1987	384488	75.6	508582
1988	455022	82.8	549543
1989	523861	93	563291
1990	582549	100	582549
五年总增长（%）	86.38	44.09	29.35
每年增长（%）	17.28	8.82	5.87
1991	668512	109.2	612190
1992	779335	119.8	650530
1993	897463	130	690356
1994	1010885	139	727255
1995	1077145	142.5	755891
五年总增长（%）	61.13	30.49	23.47
每年增长（%）	12.23	6.10	4.69
1996	1192356	150.2	793846
1997	1333938	159.6	835801
1991~1997 七年总增长（%）		46.15	36.53
每年增长（%）	99.54	6.59	5.22

资料来源：HK Annual Digest of Statistics Editions 1981 to 1998，转引自莫泰基，1999：8。

在这段历史时期，伴随持续稳定的经济增长，香港社会整体财富和收入水平快速提高，"但富人和穷人，差距愈来愈大"，"社会充斥不公平现象，怨愤逐渐加深"（周永新，2014：112）。新一轮经济发展并未缓解香港的贫困和贫富悬殊问题。由于全球化和经济结构转型等复杂因素的影响，原来制造业占主导地位的就业体制被新的服务业占主导地位的就业体制所取代，制造业就业机会锐减，一些传统的经济部门衰落。在这种背景下，香港出现了结构性失业和人力资源错配现象，失业贫困和低收入贫困等"新贫困"问题（new poverty）不断凸显。加上人口老龄化等人口因素变化的影响，老人贫困问题也继续恶化。上述状况在综援个案①统计结果中得到了反映，根据特区政府统计处的统计资料，在经济快速增长的80年代，综援个案累计增长超过45%，在经济增长强健的1991~1997年，综援个案的年增长幅度几乎每年超过10%，1996年更是创造了52.31%的纪录，增速远远超过同期总人口增长的速度（香港特别行政区政府统计处，2003a，2005）。

根据香港学者的研究，进入20世纪90年代后，伴随新一轮全球化浪潮和经济结构转型，香港出现了收入分配的两极化和职业结构的两极化，贫富分化更为悬殊（赵永佳、吕大乐，2006：3~34）。香港社会服务联会和乐施会通过研究发现，20世纪90年代以后的香港贫困问题比以往更加严重，出现了"贫者愈贫，富者愈富"的"马太效应"（香港社会服务联会、乐施会，1996）。世界银行在1995年的世界发展报告中指出，1993年，香港人均收入为21560美元，在世界经济体中排名第四，仅次于美国、瑞典和科威特。但是，在最高收入的24个国家或地区中，香港的贫富差距最大，最高收入的20%家庭占有全港总收入的50%，而最低收入的20%家庭仅占有全港总收入的4.3%（香港社会服务联会、乐施会，1996）。香港如此悬殊的财富分配，可谓"富有一群属最富，贫穷一族属最穷"（曹云华，1996）。凡此种种表明，香港的贫困和贫富悬殊问题自20世纪80年代以来明显加剧。

三 亚洲金融危机后的贫困问题

亚洲金融危机爆发后，香港经济急剧下滑，当年的经济增长率几乎掉到了历史最低水平，按2000年不变价格计算，1998年香港地区生产总值增长率为-5.0%，1998年第三季度香港地区生产总值增速为-9.0%（陈诗一，2014）。其间香港失业情况恶化，失业率一度突破8%，创下当时近30年最高

---

① 综援（全称"综合社会保障援助计划"，一般简称"综援"）是香港为经济有困难、无法维持正常生活的人士实施公共援助的一项制度，类似于内地的"最低生活保障制度"，综援个案是指接受综援的家庭，类似于内地的"低保户"，综援受助人是指综援家庭的成员，综援个案以家庭为计算单位，综援受助人以综援家庭中的成员为计算单位，二者是两个不同的概念，但都能反映香港贫困人口的变化。

纪录，可谓"屋漏偏逢连夜雨"。在经济不振的同时，香港又面临新一轮经济转型，受经济下滑、失业率攀升以及人力资源错配和结构性失业等多重因素影响，香港的贫富差距不仅没有缩小，反而更加扩大，贫困问题因此更为严重。那么，香港的贫困问题究竟如何严重？对此，由于测量标准不同，不同研究者的估算结果差异很大，得出的结论也不尽相同。

一种观点主张用国际贫困线、收入十等分组、基尼系数等相对指标去反映香港的贫困状况，国际贫困线可以计算贫困人口，十等收入分组和基尼系数则可以反映贫富差距，这三个指标的共同点是以相对收入为计算基准。

国际贫困线是指把收入低于社会中位收入50%的人界定为贫困者，这种方法在香港为许多学者和机构所采用，香港立法会和香港社会服务联会就是采用这一标准来估算贫困人数的。这一方法以相对收入为基础，计算的实际是相对贫困人口。香港社会服务联会根据综合住户调查资料，将收入少于或等于当年全港相同人数住户收入中位数50%的住户定义为贫困户，计算出贫困户占总住户的比例即贫困率。表2-2是1996~2005年香港社会的贫困率，大体反映了亚洲金融危机前后近10年香港贫困问题的变化情况。[①] 从中可以看到，香港的贫困率从1996年的15.0%增加到2005年的18.3%，无论是儿童、青少年、妇女还是老人，其贫困率都不同程度地增加了，其中，老人的贫困率最高，达31.8%。据社会服务联会的统计，1995年香港的贫困率为14.81%，贫困人口约89万人，2005年贫困人口达到125万人，占总人口的比重逾18%（社会服务联会扶贫资讯网，2009）。

表2-2 香港的贫困率

单位：%

不同组别	1996年	1998年	2000年	2002年	2004年	2005年Q1*
整体人口	15.0	18.1	18.3	18.0	17.3	18.3
0~14岁儿童	22.8	26.2	25.9	25.5	24.1	26.1

---

① 根据香港社会服务联会的定义，贫困率是指居住于低收入住户的比重，低收入住户是指收入少于或等于当年全港相同人数住户人息中位数一半的住户。

续表

不同组别	1996年	1998年	2000年	2002年	2004年	2005年 Q1*
15~19岁青少年	16.7	21.6	24.7	25.0	24.3	26.8
妇女	15.4	18.3	18.4	18.1	17.2	缺省
老人	26.9	34.2	34.3	32.6	29.4	31.8

* Q1 表示截至 2005 年第一季度。

表 2-3 是香港十等收入分组的统计结果，清晰地反映了 20 世纪 90 年代香港社会贫富差距的变化情况。由表可见，1991~2001 年香港居民的收入差距越来越大，其中最高收入组别的月收入中位数在 1991~1996 年增加了 15.1%，在 1996~2001 年上升了 12.7%，而最低和第二低收入组别的月收入中位数在 1996~2001 年却分别下跌了 2.1% 和 10%。

表 2-3 香港十等分组别的住户每月收入中位数

单位：港元，%

十等分组别	1991年	1996年	2001年	1991~1996年	1996~2001年
第一（最低）	3084	3042	2977	-1.4	-2.1
第二	6631	7499	6750	13.1	-10.0
第三	9252	10140	10000	9.6	-1.4
第四	11102	12675	13000	14.2	2.6
第五	13775	16123	16500	17.0	2.3
第六	16499	19773	20500	19.8	3.7
第七	20046	23829	25705	18.9	7.9
第八	25633	30175	32560	17.7	7.9
第九	34641	40560	44650	17.1	10.1
第十（最高）	61680	70980	80000	15.1	12.7

资料来源：香港特别行政区政府统计处，《香港人口普查及中期人口普查》，转引自香港社会服务联会，2005，《香港的贫穷问题》。

基尼系数反映了亚洲金融危机后香港贫富悬殊恶化的趋势。1996 年，香港的基尼系数为 0.518，2001 年突破 0.525。图 2-1 是 1998~2001 年世界部分国家和地区的基尼系数，由此可见，虽然都跻身"亚洲四小龙"之列，但 1998 年新加坡和韩国的基尼系数分别为 0.425、0.316，2000 年中国台湾的基尼系数为 0.326，相比之下，中国香港的基尼系数明显偏高，贫富差距更为严重。

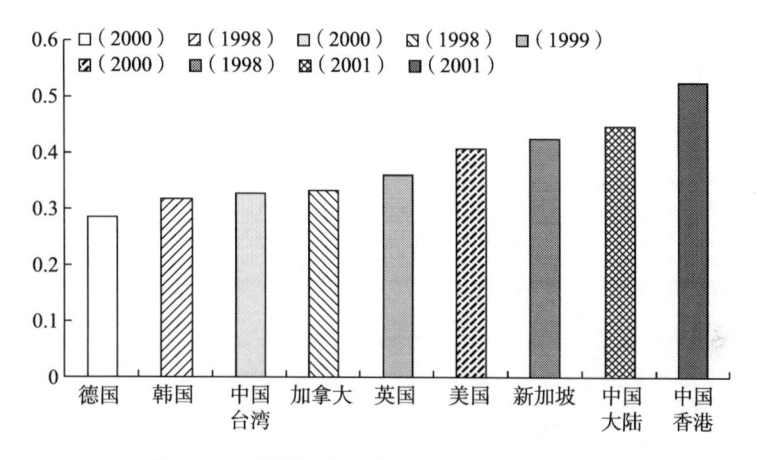

图 2-1　世界部分国家和地区基尼系数的比较

资料来源：《基尼系数》，香港特别行政区立法会秘书处资料便览，2004 年 12 月 6 日。

对于用国际贫困线、收入十等分组、基尼系数等相对指标去反映香港的贫困问题，当时也有许多人持反对态度，他们的主要理由如下。

第一，香港普遍富裕，社会福利服务广泛，简单套用国际贫困线去计算贫困人口"并不稳妥"，因为"这类分析并无计及政府用于房屋、医疗和教育等福利开支为有关家庭所带来的无形收入"。①

第二，收入十等分组法仅考虑不同收入组别相对收入的变化，未能反映他们绝对收入的情况，因为虽然低收入组别的收入增长速度慢于高收入组别，但他们的绝对收入也是不断增加的。

第三，单纯的基尼系数并不能准确反映香港的贫富差距，若把特区政府有关的税收优惠和公屋、教育福利计入收入后，2001 年香港的基尼系数将从 0.525 降至 0.450，如果把特区政府在医疗、社会保障等方面的福利计算在内，基尼系数会进一步降低。②

第四，香港整体经济水平和人均收入高，加之特区政府在教育、医疗、住

---

① 香港特别行政区立法会文件 CB（2）304/04 – 05（03）号，《灭贫事宜》。
② 香港扶贫委员会资料文件第 22/2006 号《税务与社会福利对住户收入分布的影响研究》。

房、社会保障等方面建立了完善的安全网，基本生活有困难的人皆可获得广泛的社会福利服务，所以，香港实际的贫困人数并没有相对贫困论者估算的那么多。

第五，相对指标夸大了香港贫困问题的严重性，如果把国际贫困线标准界定的100余万人纳入特区政府扶贫的范围，那么"香港政治生态将因此产生不可抗拒的福利主义效应，政客为捞取逾百万'贫穷线'之下选民的选票，必然大派免费午餐，煽动民粹主义，部分市民也会产生依赖心理，甚至滋生好逸恶劳的刁民。这将严重侵蚀本港自强不息、坚韧拼搏的优良传统，导致投资环境恶化，失业大军骤增，储备迅速用光，结果是整个香港'越扶越贫'"（《文汇报》，2005）。

对于他们而言，用绝对指标来评估香港的贫困问题更为妥当。绝对贫困的指标主要是综援标准，即把收入低于平均综援金额家庭的人口定义为贫困人口。当时特区政府就是持这种观点，他们认为，由于香港社会已经普遍采用并认同平均综援金额足够应付基本生活所需，因此以平均综援金额作为界定贫困人口的标准"较为适当"（香港特别行政区政府扶贫委员会，2007）。由于综援标准较低，所以该方法计算的实际是绝对贫困人口。

1997~2003年，香港月收入低于4000港元[①]的贫困住户占总住户的比例从4%上升到近10%，升幅明显（《综合住户统计调查按季统计报告书》，2004）。按照综援标准，1997年以后香港综援受助人占全港人口的比重上升，1997年为4.3%，1998年达到5.6%，1997年一年内的增长幅度达到1.3个百分点，此后继续增加，2004年达到7.8%（见图2-2）。2005年3月，香港共有综援个案296688宗，综援受助人541976个（香港社会福利署，2005），同期香港总人口693.59万人（香港特别行政区政府统计处，2006），综援受助人占总人口的7.8%。2005年，香港平均综援金额约4000元，低于该标准的有103万人，其中，约60万人生活在综援家庭，40万人属于低收入人士，尽管他们收入低于平均综援金额，但并不领取综援，而是自力更生（《香港贫穷情况主要数字》，2007）。

---

① 除非特别说明，否则本书中与香港社会有关的货币计量单位（如"元""万元""百万元""亿元"）都是指港元，对此后文不再予以说明。

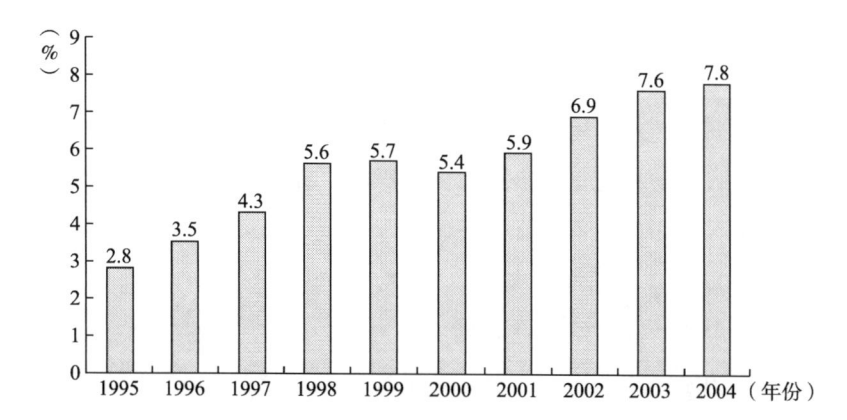

图 2-2　1995~2004 年香港综援受助人占全港人口的百分比

资料来源：香港特别行政区政府统计处，《香港统计年刊》，1995~2004 年，转引自《综援受助人占全港人口的比率（1995~2004）》，社会服务联会扶贫资讯网，http://www.poverty.org.hk/circe-data/hongkong.pdf，Poverty in Hong Kong。

四　新一轮经济转型期的贫困问题

亚洲金融危机严重打击了香港的经济，并暴露了它的许多内在弊病，此后香港迎来了第三次经济转型。进入 21 世纪后，香港新一轮经济转型明显加速（冯国经，1999；陈可焜，2002），即从"后工业社会"向"知识社会"转变，其显著标志是传统制造业和新兴服务业向高知识、高科技、高附加值方向发展。伴随香港迈向知识型经济和发展高增值产业，新增就业机会主要面向高学历、高技能人才，劳动力密集型产业的就业机会因为制造业外迁而迅速减少，从而导致人力资源错配和结构性失业的问题越来越严重（陈锦棠等，2008：189）。

正当香港经济逐渐从亚洲金融危机的冲击中好转时，2003 年"非典"疫情的爆发导致香港经济一度再次出现负增长。2004 年以后，受益于国家先后推出的《内地与香港关于建立更紧密经贸关系的安排》（CEPA）及系列补充协议、沪港通、深港通等惠港政策，香港经济持续向好，保持强劲增长的势头。此后的几年，由于经济好转，失业率有所下降。例如，2004 年、2005 年失业率分别降至 6.6%、5.3%，2006 年第三季度进一步降至 4.7%，低于

2006年第二季度的5.0%及2005年第三季度的5.4%（香港特别行政区政府统计处，2006a）。

但是，在新一轮经济转型过程中，受经济转型、结构性失业、人力资源错配以及家庭和人口结构变化等多重因素的影响，香港的贫富差距和贫困问题并未因经济的复苏和向好而得到有效遏制。

1996~2006年，在香港的家庭总数中，低收入和高收入家庭所占比重明显增多，而中等收入家庭所占比重则明显减少，其中，月收入低于4000元和高于40000元的家庭所占比重分别上升了2.5个百分点、2个百分点，介于两者之间的中等收入家庭所占比重则减少了4.5个百分点（见表2-4）。这说明，香港的贫富差距越来越大：就人口比例而言，穷人和富人在增加，中产者在减少；就收入分配而言，财富向社会上层集中，低收入阶层相对收入减少，穷者愈穷，富者愈富。①

表2-4　1996~2006年香港家庭住户月收入

单位：元，%

家庭住户每月收入	1996年 数目	1996年 比例	2001年 数目	2001年 比例	2006年 数目	2006年 比例
<4000	123869	6.7	163423	8.0	205515	9.2
4000~39999	1452981	78.3	1513195	73.7	1642558	73.8
≥40000	278703	15.0	376794	18.3	378473	17.0
总计	1855553	100.0	2053412	100.0	2226546	100.0

有学者认为，随着经济转型加速，香港的社会结构正朝两极化方向转变，即"中间收窄，上下两极扩大"（赵永佳、吕大乐，2006：3~34）。因而，香港的贫困问题如果继续放任自流，不及时解决，便有失控的危险，最终形成一个贫富对立的"双层社会"（黄洪，2004：1~13）。在这种情况下，越来越多的人开始关注和探讨香港社会的向下社会流动、M型社会、贫富差距、社会两

---

① 这在一定程度上验证了香港学者所提出的"收入分配两极化"的观点，参见赵永佳、吕大乐，2006，《检验全球化城市的社会两极化论：1990年代后的香港》，载刘兆佳等编《社会发展的趋势与挑战：香港与台湾的经验》，香港：中文大学香港亚太研究所，第3~34页。

极分化等社会问题（吕大乐，2015：105）。

针对"社会两极化论"以及香港贫困问题严重到有可能导致贫富对立的"双层社会"的观点，香港社会也有人提出了不同看法，在他们看来：①贫困是不可避免的，再富裕的社会也有贫困，香港在经济快速发展过程中产生一些贫困人口属于正常现象；[①] ②香港的社会结构以中产阶层居多，社会上层和底层的人数相对较少，"中间大、两头小"，并不存在所谓"两极化结构"；③香港是一个高度开放、鼓励竞争的社会，只要力争上游、努力奋斗，即便是穷人也有许多向上流动的机会（《文汇报》，2005）；④香港的经济发展水平较高，社会普遍富裕，真正的贫困者毕竟属于少数。所以，根据这种观点，香港没有形成两极化的社会结构，其贫困程度也没有通常所认为的那样严重。

为更好地应对贫困问题，2005年香港特别行政区首次成立了扶贫委员会，目的是加强特区政府扶贫的统筹力度，为政府、市场、社会等不同界别提供一个综合平台，共同研究贫困人士在经济、就业、教育和培训各方面的需要，并提出可行的建议，借以帮助贫困人士，但该委员会于2007年6月30日解散。此后的几年，香港贫富差距问题、社会不公等问题并未因为经济发展而得到有效缓解，加之近年来香港物价快速上涨，房价高居不下，两极分化严重，底层民众难以同步分享经济社会发展的红利。2001~2010年，香港的实际人均地区生产总值从18万元增加到25万元，增幅为39%，但香港的贫困人口却从115万人增加到121万人，上升了5.2%（见图2-3）。这说明，虽然新千年第一个十年内香港经济实现了平稳增长，但香港的贫困问题却并无明显改善的迹象。

面对贫富分化的严峻现实，特区政府加大了扶贫工作的力度。2012年，香港特区第四任行政长官梁振英提出要重设"扶贫委员会"，研究老年贫穷、在职贫穷、跨代贫穷以及新移民贫穷等问题。2002年12月，新一届扶贫委员会正式成立。相比2005年成立的扶贫委员会，新的扶贫委员会的规格更高、权限更大，由政务司司长担任委员会主席，民政事务局局长、劳工及福利局局长、教育局局长、食物及卫生局局长担任委员会官方委员，非官方委员来自社

[①] 香港扶贫委员会第23/2006号文件《有关收入流动性的研究》。

18 / 丰裕社会的贫困及其治理

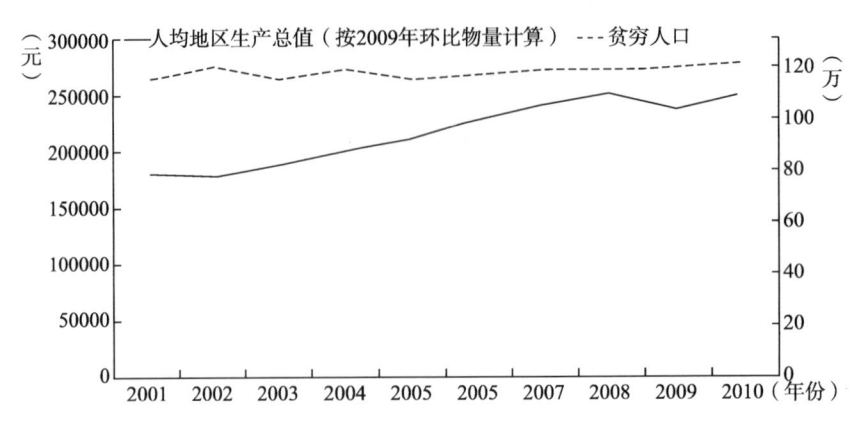

图 2-3　2001~2010 年香港贫困人口与人均地区生产总值变动情况
资料来源：香港社会服务联会，《2001~2010 年香港贫穷统计数字》，第 6 页。

区、社会福利、教育、商界、医务、学界等社会各界。扶贫委员会负责统筹协调特区政府各项扶贫工作，主要职责有：第一，每年更新"贫穷线"并据此分析、监察贫穷情况，检视并按需要优化"贫穷线"分析框架；第二，检视现行政策和探讨新措施，以达到防贫及扶贫的目的，促进社会向上流动及为有特别需要的群组提供支持；第三，就扶贫议题进行研究及专题分析，以协助制定相关政策及措施；第四，监督关爱基金和社会创新及创业发展基金的运作，进行补漏拾遗和推动社会创新，以应对贫穷问题；第五，鼓励跨界别协作推动扶贫工作，并与其他政府咨询委员会就扶贫工作加强交流及联系。①

近年来香港不断完善扶贫政策，加强对贫困人口和弱势群体的社会保护。2010 年通过了香港首部《最低工资条例》，加强对劳工的权益保护。2011 年成立关爱基金，为尚未纳入社会安全网或已被纳入社会安全网但仍急需特殊照顾的经济困难人士提供社会救助。特区政府分别于 2011 年和 2013 年向关爱基金注资 50 亿元和 150 亿元，此外，基金在成立初期获得了商界捐助的 18 亿元。截至 2016 年 8 月底，关爱基金结余资金额 197.32 亿元。截至 2017 年底，关爱基金先后在医疗、教育、住房、福利、民政等领域推出 45 个援助项目，总资助 80 亿元，受益人数超过 156 万人次，广泛惠及儿童、老人、残疾人、

① 详见香港扶贫委员会官方网站，http://www.povertyrelief.gov.hk/。

病人、新来港人士、少数族裔等各类弱势群体。从2011年起，先后推出鼓励就业交通津贴、长者生活津贴、低收入在职家庭津贴，扩大综援家庭津贴的覆盖范围。2012年启动公屋重建计划，2016年恢复"居者有其屋"计划，加强中低收入者住房保障。2013年首次制定官方贫困线，把家庭月收入低于社会中位数50%的所有家庭纳入扶贫政策。多次制定《强积金计划（修订）条例》，不断完善"强制性公积金计划"，更好地保障参保人员的权益。

由于香港近年来加大了扶贫投入的力度，贫困问题不断恶化的趋势得到了一定程度的缓解。2009~2014年，香港的初始贫困率从20.6%降至19.6%，在计入个人及家庭税项扣除和政府恒常现金福利（如综援、高龄津贴、长者生活津贴、伤残津贴、鼓励就业交通津贴）等再分配手段调节效应后，实际贫困率从16.0%降至14.3%，实际贫困人口从104.3万人降至96.2万人（香港特别行政区政府，2016：16）。但是，由于香港的贫富悬殊问题是"冰冻三尺非一日之寒"，积淀已久成为沉疴痼疾，非短期内可以实质解决。此外，香港自由经济体制以及"低税制、低福利、高发展"的发展路线，决定了香港公共开支和扶贫投入的可增长空间极为有限。因此，未来在相当长的一段时间内，香港的贫富悬殊问题难以从根本上得到缓解。

五 "倒U曲线"的反例

美国经济学家库兹涅茨曾根据西方一些发达国家的发展经验提出了著名的库兹涅茨"倒U曲线"假设。该假设认为，在经济发展过程中，收入分配情况是"先恶化，后改进"，即"收入分配不平等的长期趋势可以假设为：在前现代工业文明向工业文明过渡的经济增长早期阶段迅速扩大，尔后是短暂的稳定，然后在增长的后期阶段逐渐缩小"（Kuznets，1955：18）。这个假设已为英国、美国和德国等西方发达国家和一些发展中国家的发展经验所初步验证，被认为是揭示了一定的经济规律。

自20世纪50年代初启动工业化以来，香港连续经历三次经济转型，完成了从"传统经济"到"制造型经济"再到"服务型经济"的转变，从一个小小的贸易转口港一跃成为今日亚太地区重要的国际金融、贸易和航运中心，人均地区生产总值位居"亚洲四小龙"之首。但是，从上述三个时期可以看到，在香港的发展过程中，库兹涅茨"倒U曲线"预测的收入分配"先恶化，后改进"并未实现。事实是，经济发展并未改善香港的贫困问题，在经济稳步增长、社会财富不断增加的同时，香港的贫困问题并没有得到有效缓解，这可以从下述两个方面来看。

首先，香港的贫困人口持续增加，占总人口的比重不断提高。20世纪70年代至21世纪初综援个案数目的变化反映了这种趋势。从表2-5可以看到，自1971年香港建立公共援助制度以来，除少数年份外，无论是八九十年代的经济高速发展期，还是1997年亚洲金融危机后的经济衰退期，综援个案的数量一直处于稳步增长状态，其增长速度明显超过同期香港总人口的增长速度。1971年综援个案为13509宗，2004年达到289538宗，30余年翻了20余倍，同期综

表2-5 1971~2004年综援个案数目及占住户比例

年份	综援个案数目（宗）	香港住户总数（人）	占整体住户比例（%）	升幅（%）
1971	13509	857008	1.58	—
1976	48917	999390	4.89	3.32
1981	45752	1244738	3.68	-1.22
1986	63288	1452576	4.36	0.68
1991	72969	1582215	4.61	0.25
1994	109461	1729100	6.33	1.72
1996	166720	1855553	8.98	2.65
1997	195645	1922800	10.18	1.19
1998	232819	1961500	11.87	1.69
1999	228015	1998900	11.41	-0.46
2000	228263	2037000	11.21	-0.20
2001	247192	2053412	12.04	0.83
2002~2003	271893	2133700	12.74	0.85
2003~2004*	289538	2174900	13.31	0.57

注：*截至2004年1月底。

资料来源：香港特别行政区政府统计处《香港统计月刊》2003年11月、2005年7月；香港特别行政区政府统计处《人口普查2001简要报告》；香港特别行政区政府统计处《综合住户统计调查按季统计报告书》2003年5~8月。

援个案占香港住户总数的比例从1971年的1.58%上升到2004年的13.31%,增幅相当明显。根据统计资料,2006年7月香港的综援个案数目达到296568宗(《社会保障统计数字》,2006),比2004年增加了7000多宗。

其次,贫富差距不断扩大。经济增长并未显著改善香港的收入分配情况,后者反而呈现贫富两极分化的趋势。根据香港学者黄洪的统计,1986年,香港最低收入的10%家庭占有全港总收入的1.6%,1996年这个比重降到1.1%,2006年进一步降至0.8%,2011年仅为0.7%;相比之下,1986~2011年,最高收入的10%家庭占总收入的比重则从35.5%升至41.0%(黄洪,2013:60)。从图2-4可见,1986~2011年,香港最高收入的10%家庭与最低收入的10%家庭所拥有的财富的相对差别越来越大,1986年,香港最高收入的10%家庭所拥有的财富是最低收入的10%家庭的22倍,1991年这一数字增加到29倍,1996年增至38倍,2001年上升到46倍,2006年增加到52倍,2011年达到59倍,2011年最高收入的10%家庭占有社会总收入的41.0%,最低收入的10%家庭仅占社会总收入的0.7%。这说明,在高收入阶层积累越来越多财富的同时,广大低收入阶层的相对收入越来越少,不断陷入相对贫困化(《香港十等分收入组别住户占全港住户总收入的百分比及坚尼系数(1981~2001)》,2004)。对于香港贫困问题的变化趋势及特点,香港学者周永新认为,20世纪50年代香港的贫困属于绝对贫困,是"穷的要命,连基本温饱都成问题";60

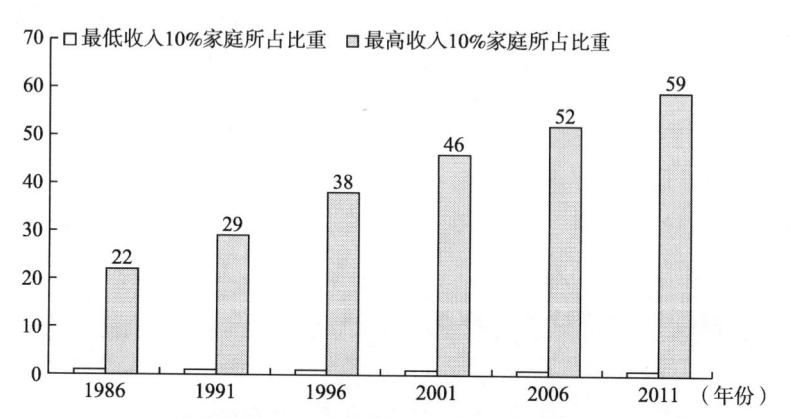

图2-4 1986~2011年最高收入10%家庭占香港总收入的比重相对于最低收入10%家庭所占比重的倍数

数据来源:黄洪,2013:60。

年代的贫困开始出现相对贫困,"不再是生存受到威胁,而是收入仅可应付基本生活的支出,是捉襟见肘";70年代以后,贫富不均和相对剥夺的问题越来越突出,"不再仅限于物质条件的匮乏"(周永新,2014:57)。

基尼系数从另一个角度反映了香港贫富差距的变化情况。表2-6显示,从1971年到2016年,香港的基尼系数持续增加。上述结果说明,在香港经济快速增长的同时,贫富差距却不断扩大,贫困情况持续恶化,财富日益向少数高收入阶层聚集,形成了"贫者愈贫,富者愈富"的"马太效应"。

表2-6 1971~2016年香港的基尼系数

1971	1976	1981	1986	1991	1996	2001	2006	2011	2016
0.430	0.429	0.451	0.453	0.476	0.518	0.525	0.533	0.537	0.539

资料来源:香港特别行政区立法会秘书处,2004,《基尼系数》,立法会秘书处资料便览,12月6日;香港特别行政区政府统计处,2007,《香港的住户收入分布》,载《2006年香港中期人口统计》,6月18日。

根据联合国开发计划署多次发布的人类发展报告,香港是全球经济发达体中贫富差距最大的地区,也是全球贫富差距最为严重的地区之一(CIA,2017)。

如前所述,在20世纪50年代以来逾半个世纪的时间里,香港的收入分配在经济发展过程中并未出现"倒U曲线"所预测的"先恶化,后改进",而是呈现"长时期持续恶化"的特点,这种情况在同等经济水平的地区极为罕见(刘敏,2011)。在经济快速发展过程中出现贫富悬殊和相对贫困问题恶化,这非香港独有的现象,前有西方发达国家的"前车之鉴",后有发展中国家和新兴经济体的"重蹈覆辙"。香港相对贫困问题的独特之处在于其贫富差距之大、持续时间之长,不仅是"亚洲四小龙"所独有,亦属全球发达经济体所罕见。对此香港社会流传"社会两极化"和"M型社会"的观点,认为香港社会结构正朝两极化方向转变,如果不及时予以有效遏制,很容易形成贫富对立的"双层社会"(刘兆佳等,2006:3~34)。

六 经济增长与贫困缓解的关系

毋庸置疑,经济增长是贫困缓解的基础,没有持续稳定的经济增长,即使贫困人口在一定时期内可以通过大规模的再分配政策而减少，但整个经济终将因缺乏效率而停滞；但是，经济增长仅是贫困缓解的必要条件，缓解贫困不仅依赖于经济增长率，还与经济增长过程中的财富分配密切相关（曹芳萍、沈小波，2011）。一般认为，在经济发展初期，贫富差距和贫困问题恶化不可避免，但是从长期来看，随着经济向更高水平发展，贫富差距将逐渐缩小，贫困问题终将得到缓解。著名的库兹涅茨"倒 U 曲线"便持这种观点，它提出了在经济发展过程中收入分配"先恶化，后改进"的命题。但是，香港的收入分配在经济发展过程中并未出现"倒 U 曲线"所预测的"先恶化，后改进"，而是呈现"长时期持续恶化"的特点，从而构成了"倒 U 曲线"的反例，这既证明了"倒 U 曲线"经验的局部性，也说明了香港发展经验的特殊性。

在 20 世纪 70 年代以来半个多世纪的时间里，香港的贫富悬殊在经济快速发展过程中不仅未得到有效缓解，反而不断恶化，这种情况在同等经济水平的地区极为罕见。在经济快速发展过程中出现相对贫困问题恶化，这非香港独有的现象，香港相对贫困问题的独特之处在于其贫富差距之大、持续时间之长，不仅是"亚洲四小龙"所独有，亦属全球发达经济体所罕见。

香港的发展历史表明，经济发展并不一定有效改善收入分配状况、缓解贫困问题；相反，如果政策处理不当，反而有可能恶化贫困问题。英国经济学家庇古曾提出著名的福利命题：国民收入总量愈大，经济福利就愈大；国民收入分配愈平等，经济福利就愈大（庇古，2007）。这说明，国民经济福利的多寡，既取决于国民收入的增量发展，也取决于国民收入的存量分配。因此，经济发展对于缓解贫困的作用不仅取决于社会财富的总量情况，还取决于社会财富的分配情况。世界银行指出，经济增长对于缩小贫富差距和缓解贫困的作用，关键取决于收入分配格局：如果忽视收入分配改善，重效率而轻公平，经济发展不仅不能从根本上缓解贫困，反而有可能催生不平等的经济、政治和社会结构，从而加剧贫困问题（世界银行，2001：35）。瑞典著名经济学家、诺贝尔经济学奖得主冈纳·缪尔达尔（Gunnar Myrdal）在《亚洲的戏剧》一书中深刻地指出，由于"循环和累计因果关系"的作用，如果政策处理不当，经济增长将促使社会不平等趋于扩大，要从根本上扶贫，必须打破滋生不平等的经济社会结构、改革不合理的制度与政策（冈纳·缪尔达尔，2001）。

从香港的经验来看，单纯寄希望于经济增长，无法解决所有的社会问题——经济增长与消除贫困之间的关系远比人们想象的复杂。建设无穷的世界（world without poverty），实现有利于穷人和弱势社群的包容性经济增长（inclusive economic growth）和益贫式社会发展（pro-poor social development）至关重要。要从根本上缓解贫困问题，必须转变经济社会发展战略，推进包容性经济增长和益贫式社会发展，坚持公平与效率兼顾，建立公正合理的收入分配结构，实现全民共享经济社会发展成果，只有这样才能从源头上遏制贫困问题，避免贫富两极分化。如何实现包容性增长和益贫式发展？在这方面，促进高质量可持续的经济增长，创造高生产率的经济机会和机会均等的制度环境，消除市场和制度歧视以及社会排斥，构建公正合理的收入分配机制，都是行之有效的国际经验（世界银行编写组，2003：103~111；庄巨忠，2012：10~15）。正如美国经济学家萨克斯在《贫穷的终结》中指出的：贫困的终结不仅仅意味着结束极端苦难的状态，更意味着帮助那些贫困的人走上发展的阶梯，开始能够享受到经济增长带来的利益与希望（杰弗里·萨克斯，2007）。

第三章
香港贫困问题的现实图景[*]

基于香港较高的经济发展水平和社会收入水平，香港的贫困问题主要是一个相对性概念，更多是指收入分配不公、贫富悬殊意义上的相对贫困问题。它具有集中分布的特征，表现为人口与空间的双重集中性分布。香港的贫困问题在很大程度上属于结构性贫困，是在快速发展过程中经济社会转型以及不平等的社会结构造成的，与一些发展中国家因经济落后而出现的发展性贫困、普遍性贫困有根本不同。本章从贫困的主要形式、量度标准、分布特征、人口规模、根本原因五个方面，考察香港贫困问题的现状、性质、特点及成因，力求廓清香港贫困的基本面貌及其现实图景。

一 贫困的主要形式

香港经济发达、物质繁荣，其整体经济水平和富裕程度在亚洲名列前茅。此外，特区政府一向重视对贫困群体的社会救助，在教育、住房、社会保障等方面建立了完善的安全网。因此，香港的贫困问题是建立在较高的经济发展水平、社会收入水平以及比较完善的贫困救助体系的基础之上的，它主要是一个相对性概念，更多是指收入分配不公、贫富悬殊意义上的相对贫困问题。在香港，绝对贫困问题基本处于可控范围，真正无法维持基本生存的人属于极少数，即使是依靠政府救助为生的穷人，其生活水平也远比发展中国家的贫民

---

[*] 本章主要内容曾以论文的形式发表，载入本书时进行了修改，原文参见刘敏，2011，《丰裕社会的贫困：再论香港的贫困问题》，《兰州学刊》第6期，被《中国社会科学文摘》2011年第12期全文转载；刘敏，2017，《丰裕社会的贫困问题及其治理：香港的经验与教训》，《社会政策研究》第6期，被人大复印资料《社会工作》2018年第4期全文转载。

高，更不至于衣不遮体、食不果腹。

然而，由于收入分配不均、贫富悬殊，香港的相对贫困问题一直比较突出。这里富人富可敌国，穷人则穷困潦倒，甚至呈现"穷者愈穷、富者愈富"两极化态势。根据联合国开发计划署（UNDP）发布的《人类发展指数报告》，2015年香港人类发展指数达到0.917，超过英国的0.909、日本的0.903，属于发展水平极高的地区（UNDP，2016：204）。2015年香港人均国民收入达到4万美元，超过日本位列高收入国家和地区的前列；家庭月收入中位数达到2.5万港元，社会总体收入水平较高（香港特别行政区政府统计处，2015：51）。但是，在香港整体社会丰裕的背后是长期存在的贫富悬殊问题。表3-1显示，1986年，香港最高收入的10%家庭所拥有的财富是最低收入的10%家庭的22倍，2011年这一数字上升到59倍，2011年最高收入的10%家庭占有社会总收入的41.0%，最低收入的10%家庭仅占社会总收入的0.7%，这反映了近30年来香港社会的贫富差距不断扩大，收入分配出现两极化的趋势（黄洪，2013：60）。

表3-1 1986~2011年最高及最低收入的10%家庭占香港总收入的比重

单位：%

年份	最高收入的10%家庭所占比重（A）	最低收入的10%家庭所占比重（B）	A相对于B的倍数
1986	35.5	1.6	22
1991	37.3	1.3	29
1996	41.8	1.1	38
2001	41.2	0.9	46
2006	41.4	0.8	52
2011	41.0	0.7	59

数据来源：黄洪，2013：60。

根据香港乐施会委托的一项调查，在1001名受访港人中，53.2%的人认为香港贫困问题"严重"或"非常严重"，40.3%的人认为长者贫困问题最严重，分别有19.1%、14.4%的人认为跨代贫困问题、在职贫困问题最严重

（香港乐施会，2017）。根据香港官方贫困线，2014年香港贫困人口达132.48万人，贫困率达到19.6%，与100多万港人陷入相对贫困形成强烈对比的是，亿万富豪在这里积攒了巨大的财富。2016年5月彭博社根据"彭博亿万富豪指数"和国际货币基金组织公布的GDP估值进行计算后发现，香港排名前十的亿万富豪的净财富总值相当于香港经济总值的35%（《香港十大富豪家产占香港GDP的35%》，2016）。根据莱坊（KnightFrank）发布的2017年《财富报告》，资产超过3000万美元的富翁，香港共有4080人，仅次于纽约、伦敦，名列全球城市第三、亚洲城市第一（Knight Frank，2017：18-20），香港的财富集中程度由此可见一斑。

一方面，因为香港的贫困问题基于较高的经济发展水平和社会收入水平，加之香港在教育、医疗、住房、社会保障等方面建立了比较完善的社会安全网，所以香港的穷人大体能够维持基本生活，一般不至于衣不蔽体、食不果腹。相比一般低收入国家和地区而言，无论是在贫困标准还是救助标准方面，香港都要高出一筹。根据香港社会福利署的调查，在20世纪90年代后期，一个四口之家的综援家庭平均每月可获得综援救助金1万元左右，已经高于当时全香港25%最低收入组别住户的每月平均收入（香港社会福利署，1998b）。根据国际贫困线的标准，早在2005年香港家庭的贫困线标准超过了8000元/月。

另一方面，因为香港的贫困问题具有贫富悬殊和相对剥夺的特点，包括失业者、低收入者、单亲家庭人士、少数族裔和新来港人士等在内的相当一部分人处于弱势地位，他们虽然不一定都生活在贫困线以下或处于"显性"贫困状态，却在经济、政治和社会等层面遭受不同程度的排斥，处于相对或"隐性"贫困状态。由于香港高收入、高物价、高消费的实际情况，收入水平低于看似标准较高的贫困线的港人的日子并不一定好过，许多人面临生活窘迫、生计艰难的困境。香港社会服务联会在2011年开展了《香港匮乏及社会排斥研究》的抽样调查，通过对1037名香港市民的调查发现，香港社会有18.3%合计约110万人处于不同程度的匮乏状态；同年开展了《香港匮乏及社会排斥研究：领取综援人士、残疾人士家庭、长者的匮乏及社会排斥状况》的访谈调查，通过对754名受访者的调查发现，"综援家庭"特别是有儿童的"综援家庭"在衣、食、住、行等日常生活方面存在匮乏的问题，27%的人"居住环境不安全，有结构性的危险"或"家里缺乏活动空间，经常要蜷缩在床上"，13.3%的人不能做到"每天有早餐吃"或"一星期最少吃一次新鲜水果"，32.7%的人"没有一件体面的衣服"，50.4%的人难以负担有需要时"打的士"往返医院就诊，54.7%的人不能负担"学生能够购买课外书、补充练习等"（香港社会服务联会，2012a、2012b）。这项调查结果表明，香港社会有 110 万人处于相对匮乏和遭受剥夺的生活状态。按照英国学者汤森（P. Townsend, 1993）的观点，这些人是相对贫困的受害者，因为相对贫困的一个显著特征是遭受了剥夺（deprivation），既有食物、穿着、住房等方面的物质剥夺，也有社会交往、人际关系、文化教育等方面的社会剥夺。

二　贫困的量度标准

一般认为，贫困主要有两种——绝对贫困（absolute poverty）和相对贫困（relative poverty）。绝对贫困的标准以维持体能最低限度的生活必需品为界线，它一般用于发展中国家贫困线的制定。相对贫困是指相对社会平均水平的贫困，通常表现为社会平均收入的某一百分比。界定贫困的通行做法是根据当地经济社会发展水平设立"贫困线"，把生活在贫困线以下的人视为贫困人口。制定贫困线的方法有多种，包括家庭开支法、市场菜篮法、恩格尔系数法和国际贫困线法。世界上有近 100 个国家和地区设立了贫困线。在 2013 年以前，香港并没有设立官方"贫困线"，因此香港社会围绕要不要设立贫困线以及以何种标准设立贫困线的问题进行了长期而激烈的争论，并在其讨论中形成了截然不同的两种见解，梳理并回顾这些争论有助于更加深入地了解香港贫困问题的演变。

在要不要设立贫困线的问题上，支持方认为，政府不仅应根据客观标准设立贫困线，而且应当依据贫困线每年公布贫困人数，并将有关数据作为制定经济政策的重要参考。如香港学者莫泰基认为，订立贫困线有利于政府向公民发布贫困状况，避免政府隐瞒事实；可用于制定反贫困目标，成为反贫困政策的重要依据（莫泰基，1997）。香港的关注综援检讨联盟、乐施会和香港社会保障学会也一致认为,"任何扶贫机构和扶贫政策的基础是贫穷线的制定,这样才可以量度贫穷问题的结构和严重性"。[1] 反对方则认为,香港经济发达,市民享受广泛的社会服务,贫穷不应僵化地以一条标准线来界定,而应根据本港实情制订出一套多元化的指标。[2] 他们认为,"综援"标准其实就是香港的贫困线,政府不宜再另设贫困线而人为增加贫困人口和财政开支,那样会催生许多依赖福利的"懒汉",并导致政府财政不堪重负。有人甚至把设立贫困线喻为"打开潘多拉的盒子"而"后患无穷"(《文汇报》,2005)。

在以何种标准设立贫困线的问题上,赞成设立贫困线的人认为,贫困是一个相对性概念,如果仅从绝对标准估算贫困人口,会严重低估香港的贫困状况,因此采用体现相对贫困观点的国际贫困线方法才是"香港贫穷线的尚佳制定方法"(莫泰基,1999:60)。国际贫困线标准为很多西方发达国家所采用,其将贫困线界定为社会平均或中位收入的50%以下。香港社会服务联会主张采用这种方法,他们自1998年开始根据国际贫困线标准编制社会发展指数,并定期评估香港的贫困状况(香港社会服务联会,2004a)。香港社会服务联会将收入少于或等于当年全港相同人数住户收入中位数50%的住户定义为贫困户,计算出贫困户占总住户的比例即贫困率。

反对设立贫困线的人倾向于绝对贫困的观点,他们认为贫困者只能指那些无法维持基本生活的人即"最不能自助者",因而采用相对标准会过分高估香港实际的贫困人口的规模。在他们看来,香港普遍富裕,社会福利服务广泛,简单套用国际贫困线去计算香港的贫困人口"并不稳妥","这类分析并无计及政府用于房屋、医疗和教育等福利开支为有关家庭所带来的无形收入",其结果必然会高估香港的贫困人口,并可能带来严重的后果。[3] 若根据中位数收入的50%计算,早在2005年香港的贫困人口就逾125万,要使百万人脱贫,香港的社会福利开支必然飙升,政府财政必然不堪重负,这对于香港长期以来所坚持的"低税制、低福利、高发展"的发展路线是一个严重的打击。绝对

---

[1] 关注综援检讨联盟、乐施会和香港社会保障学会文件CB(2)632/04-05(02)号,《关于扶贫委员会的建议:确立扶贫目标、制定成效指标、动员民间参与》。
[2] 香港扶贫委员会文件第10/2005号,《贫穷指标》。
[3] 香港特别行政区立法会文件CB(2)304/04-05(03)号,《灭贫事宜》。

贫困论者认为可以用综援标准作为香港事实上的贫困线，综援标准是指把收入低于平均综援金额家庭的人口定义为贫困人口。在很长一段时期内，香港特区政府倾向于这种观点，他们认为，单纯以中位收入的某一个百分比去划定贫困线，会夸大香港的贫困状况。①

如果从绝对贫困的角度去理解贫困，那么香港可以把"综援"标准作为贫困线，这是因为：第一，香港虽然不是福利国家，但特区政府一直重视社会救助，对广大困难群体提供了教育、医疗、住房等广泛的社会服务，"综援"制度虽然存在一些不足，但配合其他服务，它基本能满足贫困群体的基本生活需要；第二，香港虽然贫富悬殊，但由于其整体经济发展水平和人均收入高，即使是"综援"救助的绝对贫困人口，其生活水平也比发展中国家的贫民高，更不至于衣不遮体、食不果腹；第三，"低税制、低福利、高发展"是香港经济发展的基本特色，要保持香港作为世界自由港、贸易中心、金融中心的地位，就必须实行低税制、低成本的方针，所以不宜把贫困标准定得太高，人为增加政府开支、抬高福利水平。

如果从相对贫困的角度去理解贫困，那么香港应另设一条贫困线，这是因为：第一，香港的贫困问题属于经济持续高速发展过程中的结构性贫困，与一些发展中国家因经济发展落后，或发生社会动乱而出现的绝对贫困问题有根本不同，这种贫困虽然兼有绝对贫困，但以相对贫困为主，如果单纯把它理解为绝对贫困，过于狭隘且不能认清它的本质；第二，香港贫富悬殊，相对贫困问题比较突出，包括失业者、低收入者、少数族裔和外来新移民等在内的相当一部分人虽然不一定生活在"综援"标准线以下，但他们在经济、政治和社会等层面处于明显弱势地位，因此，若简单地把贫困问题等同于绝对贫困，必然会低估相对贫困问题，忽视广大低收入阶层的弱势地位。

实际上，在要不要设立贫困线以及以何种标准设立贫困线的问题上，香港不应该也不必要做出非此即彼的选择，而应结合香港实际整合两种观点及其两种做法，即以"综援"作为反映最困难群体贫困状况的"基本贫困线"，并用"综援"作为贫困人口的"最低保障"，从而保证底线公平，减少绝对贫困；

---

① 香港特别行政区立法会文件 CB（2）304/04-05（03）号，《灭贫事宜》。

与此同时，也可以根据相对标准另设一条"非基本贫困线"或"相对贫困线"，对处于这一贫困线以下而又没有享受"综援"救助的群体，可以通过政府、企业和社会多方提供的其他福利或服务来改善他们的生活状况，从而在保障底线公平的基础上进行柔性调节，减少相对贫困。

围绕要不要设立贫困线以及采取何种标准设立贫困线长达数十年的争论的最终结果是，香港特区政府于2012年重设了规格更高的扶贫委员会，[①] 并于2013年设立了香港历史上第一条官方贫困线。香港官方贫困线最终采取了"相对贫困"的概念，并以国际贫困线的标准即以家庭月收入中位数的50%作为贫困线，从而结束了官方和民间长达数十年的关于香港贫困线标准的争论。按照这个标准，2014年香港家庭月收入中位数为2.26万元，贫困家庭数和贫困人口数分别为55.52万个、132.48万人，贫困率为19.6%。

促使特区政府最终采用相对概念和国际贫困线标准制定官方贫困线的主要因素有以下几点。第一，香港的贫困问题尤其是相对贫困问题并未缓解，绝对贫困标准已经难以反映香港贫困问题的实际情况和本质特征，相对贫困标准更符合香港经济社会发展水平和香港贫困问题的性质特点。第二，国际贫困线标准被经济合作与发展组织和欧盟国家广泛采用，与国际接轨，便于进行国际比较。第三，国际贫困线标准被本港社会组织如香港社会服务联会、香港乐施会等沿用，为香港社会各界广泛接受，顺应香港民意的需要。第四，国际贫困线标准简单易行，容易量度和理解，其基础数据来自特区政府统计处每月进行的"综合住户统计调查"，方便进行资料收集和统计分析。

三 贫困的分布特征

香港的贫困问题具有集中分布的特征，表现为人口与空间的双重集中性分布。

首先是人口的集中性分布。香港贫困人口显著集中于两类群体。

[①] 香港特区政府于2005年首次成立了扶贫委员会，协调政府扶贫工作，后于2007年解散。2012年12月，重新成立了新一届扶贫委员会。

一是老人、病患和残疾人等生理性弱势群体，他们多具有高龄、多病、伤残的特征，其中尤以老人贫困问题最为突出。近年来，老人综援个案占综援个案总数的比重保持在50%以上，老人的相对贫困率保持在70%以上。截至2013年3月底，香港约有26.8万宗综援个案，其中，老人个案15.3万宗，占57.3%；健康欠佳和永久性残疾个案共4.4万宗，占16.3%（香港社会福利署，2013：14）。从图3-1可见，2014年老人家庭初始贫困率（poverty rate before taxes and transfers，即不计算税收和转移支付等再分配手段调节前的贫困率）和实际贫困率（poverty rate after taxes and transfers，即经过税收和转移支付等再分配手段调节后的贫困率）分别达到72.2%、46.9%，是社会总体贫困率的3倍以上。

二是失业、低收入、从事非经济活动者、单亲、新移民等社会性弱势群体，多具有低学历、低技术、低收入的特征，尤以失业贫困问题最为突出。图3-1表明，除综援家庭外，贫困率最高的是失业家庭，初始和实际贫困率分别高达81.4%、68.5%，实际贫困率远高于综援家庭；然后是非经济活动家庭，初始和实际贫困率分别达76.6%、57.6%；此外，单亲家庭、新移民家庭的初始贫困率分别达到49.5%、36.7%，实际贫困率分别为36.4%、32.4%，均远高于社会总体贫困率（香港特别行政区政府，2015：35~36）。

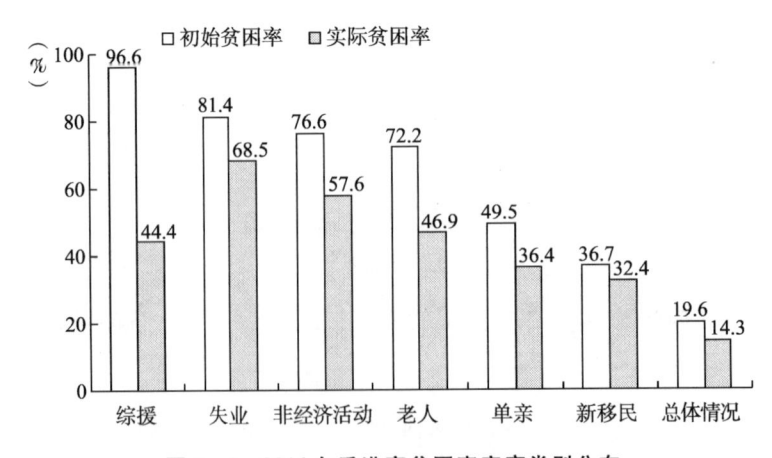

图3-1 2014年香港高贫困率家庭类别分布

其次是空间的集中性分布。香港的贫困问题具有明显的空间集中分布特征，贫困人口主要集中于深水埗、葵青、观塘、黄大仙、北区、元朗、屯门；其中，贫困率最高的5个地区分别是深水埗、葵青、观塘、北区、黄大仙，实际贫困率分别高达18.2%、16.9%、16.7%、16.5%、16.4%。[①] 由于历史发展、经济转型、产业转移等多重复杂的原因，香港的深水埗、葵青、观塘等地区成为贫困人口的聚集区，贫困率高、贫困群体规模大且分布广泛、脱贫难度大，是这些地区贫困问题的基本特征。

根据特区政府统计处综合住户统计调查的结果，2014年，深水埗、葵青、观塘、黄大仙、北区、元朗、屯门7个地区的初始贫困率分别达到26.6%、25.7%、25.1%、24.3%、20.9%、20.6%、20.2%，明显高于香港社会平均初始贫困率，7个地区的初始贫困人口合计75.12万人，占全港18个地区初始贫困人口总数的56.7%。按照香港房屋委员会的统计，截至2016年底，香港共有公共租住房屋（以下简称"公租屋"）76.49万套，住户和人口总数分别为75.11万、208.39万，其中上述7个地区公租屋、公租屋住户、住户人口总数分别达51.78万套、50.76万户、139.74万人，分别占到香港公租屋、公租屋住户、住户人口总数的67.70%、67.58%、67.06%（香港房屋委员会，2016：1）。由于香港公租屋主要面向中低收入者，对申请家庭的收入和资产有严格限制，因此公租屋住户的集中分布在很大程度上反映了中低收入者的集中分布。

如前所述，按照初始贫困率的计算标准，香港社会近60%的贫困者生活在上述7个地区；按照公屋住户人数的推算结果，近70%的中低收入者生活在上述7个地区，这反映了香港贫困问题的空间分布集中性特点。香港社会有一种说法，"有钱人住山顶，中产住半山，穷人住山脚"，这是对香港贫富两极分化和社会空间隔离的形象比喻。"安得广厦千万间，大庇天下寒士俱欢颜。"香港岛的太平山等地别墅豪宅遍地、亿万富豪云集，深水埗和葵青等地区旧宅破屋密布、各色穷人聚居，这也是香港贫富悬殊的真实写照。

---

① 这里的实际贫困率是指恒常现金政策介入后的贫困率，即经过个人及家庭税项扣除及政府恒常现金福利（如综援、高龄津贴、长者生活津贴、伤残津贴、鼓励就业交通津贴）等再分配手段调节后的贫困率，详见：香港扶贫委员会，《2014年香港贫穷情况报告》。

四 贫困的人口规模

首先，从绝对贫困的标准来考察香港贫困人口的规模。如前所述，香港的综援实际上相当于香港的绝对贫困线，综援标准是指把收入低于平均综援金额家庭的人口定义为贫困人口。按照综援的标准，2015年3月底，香港共有综援个案251099宗，涉及综援受助人377460人，换言之，共有综援家庭251099个，涉及综援人口377460人（香港社会福利署，2015）。2015年香港人口总数为729.13万人，[①] 综援人口约占人口总数的5.18%。

1971~2001年，香港综援个案的数量一直处于稳步增长状态，其增长速度明显超过同期香港总人口的增长速度（见表3-2）。1971年，综援个案13509宗，2001年达到247192宗，30余年翻了18倍，同期综援个案占香港住户总数的比例从1971年的1.58%上升到2001年的12.04%，增幅相当明显。尤其是1997年亚洲金融危机爆发后，综援个案突然暴增：1997年为195645宗，1998年达到232819宗，当年增长达到19.0%。1999~2000年香港经济逐渐复苏，综援个案数随之回落到228263宗。2001年由于美国股市互联网泡沫破裂和"9·11"事件的冲击以及由此导致的香港对欧美国家进出口下跌的影响，香港经济增长疲软乏力，综援个案增加到247192宗。

表3-2 1971~2001年综援个案数目及占住户比例

年份	综援个案数目（宗）	香港住户总数（人）	占整体住户比例（%）
1971	13509	857008	1.58
1976	48917	999390	4.89
1981	45752	1244738	3.68
1986	63288	1452576	4.36
1991	72969	1582215	4.61

[①] 根据特区政府统计处的统计，2015年香港年中人口总数为7291300人，数据来源：香港特别行政区政府统计处，《香港统计年刊（2017年版）》，第4页。

续表

年份	综援个案数目（宗）	香港住户总数（人）	占整体住户比例（%）
1994	109461	1729100	6.33
1996	166720	1855553	8.98
1997	195645	1922800	10.18
1998	232819	1961500	11.87
1999	228015	1998900	11.41
2000	228263	2037000	11.21
2001	247192	2053412	12.04

资料来源：香港特别行政区政府统计处，《香港统计月刊》2003年11月、2005年7月；香港特别行政区政府统计处《人口普查2001简要报告》；香港特别行政区政府统计处《综合住户统计调查按季统计报告书》2003年5月至8月。

2003年"非典"疫情的出现导致香港经济一度出现负增长。受经济波动的影响，2002~2006年，香港综援个案继续保持增长态势，从247192宗增加到297434宗，但在2006年达到历史峰值297434宗后呈现逐渐下降的趋势，到2015年降落至251099宗，近10年内降幅达到了15.58%（见表3-3）。究其原因，一是因为近10年来香港经济保持平稳增长的态势，2007年至2017年年均经济增长率为2.9%，2017年增长率达到3.8%，这无疑为贫困缓解提供了有力的经济基础；二是因为近10年来香港加大了扶贫投入力度，例如，成立了规格更高的扶贫委员会，首次制定了官方贫困线，首次实施了最低工资制度，先后推出了关爱基金、鼓励就业交通津贴、长者生活津贴、低收入在职家庭津贴等扶贫政策，从而在一定程度上遏制了贫困问题恶化的趋势。

表3-3 2002~2015年综援个案及综援受助人数量

单位：宗，人

年份	综援个案数	综援受助人数
2002	247192	411000
2003	271893	480000
2004	290705	缺省
2005	296688	541976

续表

年份	综援个案数	综援受助人数
2006	297434	缺省
2007	294204	517875
2008	285773	490243
2009	289469	478562
2010	287822	479167
2011	282732	462564
2012	275383	439216
2013	267623	414148
2014	259422	393353
2015	251099	377460

注：以上数据为截至每年3月底的数据。
数据来源：香港社会福利署，2011~2015年的《社会福利署回顾》。

其次，从相对贫困的标准来考察香港贫困人口的规模。如前所述，在2013年以前，香港官方并未设立相对贫困线，但香港社会服务联会、香港乐施会等民间机构早在20世纪90年代就开始运用国际贫困线标准定期评估香港的贫困状况。根据香港社会服务联会的计算，2001~2010年，香港的贫困率一直在17.4%~18.3%波动，2010年的贫困率为17.9%，共有45万个家庭121万人处于相对贫困状态（见表3-4）。

表3-4 2001~2010年香港贫穷人口、贫困家庭及贫困率

年份	贫困人口（万人）	贫困家庭（万户）	贫困率（%）
2001	115	42	17.7
2002	119	42	18.3
2003	114	41	17.6
2004	118	43	18.1
2005	114	43	17.4
2006	116	45	17.6
2007	118	46	17.7

续表

年份	贫困人口（万人）	贫困家庭（万户）	贫困率（%）
2008	117	45	17.6
2009	119	45	17.7
2010	121	45	17.9

数据来源：香港社会服务联会，《2001~2010年香港贫穷统计数字》，第6页。

2013年，香港设立了本港历史上第一条官方贫困线，官方贫困线采取了"相对贫困"的概念，以国际贫困线的标准即以家庭月收入中位数的50%作为贫困线。按照官方贫困线的计算标准，2015年香港家庭月收入中位数为2.40万元，贫困家庭数和贫困人口数分别为56.98万个、134.50万人，初始贫困率为19.70%（香港特别行政区扶贫委员会，2016）。近年来，香港相对贫困率呈现整体缓慢下降但局部波动的态势，初始贫困人口数变化不大，但实际贫困人口有所下降。由图3-2可见，2009~2016年，香港实际贫困人口（即图中政策介入后的数字）从104.3万人降至99.6万人，大体上在96.2万人至104.3万人之间波动，实际贫困率从16.0%降至14.7%，保持在14.3%至16.0%的水平；初始贫困人口（即图中政策介入前的数字）和初始贫困率变动相对较小，其中，初始贫困人口介于129.5万人至135.2万人，初始贫困率介于19.6%至20.6%。

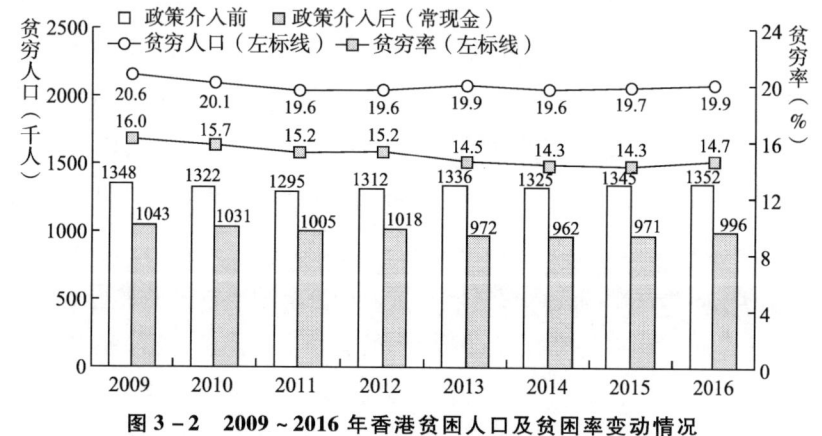

图3-2 2009~2016年香港贫困人口及贫困率变动情况

资料来源：香港扶贫委员会，《2016年香港贫穷情况报告》，第18页。

综上所述，无论是从绝对贫困标准还是从相对贫困标准来看，近10年来香港贫困人口规模都出现了"止增企稳慢降"的特点，成功地扭转了长期以来贫困人口不断增加的趋势。从绝对贫困的标准看，1971～2006年，香港综援个案保持持续增加的态势，从13509宗增加到297434宗，30余年翻了22倍，但在2006年达到历史峰值后呈现不断下降的趋势，到2015年降落至251099宗，近10年内降幅达到了15.58%。从相对贫困的标准看，2009～2016年，香港实际贫困人口从104.3万人降至99.6万人，实际贫困率从16.0%降至14.7%。这说明近年来香港扶贫工作取得了明显的成效。

五 贫困的根本原因

在香港，关于贫困原因的探讨很多。一种观点认为，虽然有社会原因，但贫困的主要原因是贫困者个人，他们因为身体差、受教育水平低、丧失劳动力、观念落后、懒惰等个人因素而陷入贫困，属于"市场竞争的失败者"，所以，应当区分"值得救助的穷人"（deserving poor）和"不值得救助的穷人"（undeserving poor），政府的救助应当限于老弱病残等"值得救助的穷人"，其他的贫困者则应自力更生。典型的例子是"综援养懒人论"，这种观点认为，香港福利水平不断提高，造成一些人坐享其成、工作意愿下降，由此形成的懒惰、依赖福利和缺乏独立是贫困的重要原因（蓝楚，2005）。不过，也有人从结构层面探讨香港贫困问题的原因，如认为是因为香港资本主义价值观，这种价值观强调自由和效率，忽视了平等和公平（江海宗，2005）；认为是不平等的财富和权力分配制度（赵维生等，1997：13～20）；认为是政府不重视贫困、扶贫不力以及社会福利政策不合理（莫泰基，1999：3～19；陈锦华，2004：251～265）等。总之，各种观点莫衷一是，不一而足。

贫困的原因是复杂的，既有贫困者个人的客观原因和主观原因，也有社会层面的经济、政治和文化等方面的原因；既有历史积累的难题，也有时代的新问题；既有国内因素，也有全球化带来的国际因素。笔者认为，香港贫困问题的成因极其复杂，涉及许多深层次的因素，不宜片面化地加以解释，从社会原因看，香港的贫困问题在很大程度上属于结构性贫困，是在快速发展过程中由于经济社会转型以及不平等的社会结构造成的。

一方面，香港贫困问题的恶化有深刻的经济社会背景，在一定程度上是不可避免的。首当其冲的是经济转型，从20世纪80年代以来，香港连续经历了两次经济转型（冯国经，1999；陈可焜，2002）：一次肇始于20世纪80年代，其间香港逐渐由以制造业为主转向以服务业为主，传统制造业大量外流，金融、贸易、物流、旅游等服务业成为主导产业；一次发端于90年代末尤其是1997年亚洲金融危机之后，香港的制造业和服务业向高知识、高科技、高附加值方向发展，香港面临从"后工业社会"向"知识社会"的转变。伴随两次经济转型，香港的经济结构发生了很大的改变，制造业地位下降，高科技产业和新型服务业逐渐兴起，一些低学历、低技术的劳工和妇女、新移民等陷入"结构性失业"，许多失业者、低收入人士和边缘劳工共同形成了一个很大的"新贫困群体"（new poverty）。除经济转型外，人口老龄化、家庭核心化、离婚率上升等社会变迁因素也是香港贫困问题恶化的重要原因（白尔彬、麦法新，2001：89~112）。早在20世纪80年代，香港就步入了老龄化社会，进入90年代后，香港的老龄化速度进一步加快，在亚洲仅次于日本（莫泰基，1999：95）。2003年，香港60岁以上和65岁以上的老人占总人口的比例分别达到15.1%、11.7%。[①] 伴随快速的人口老龄化，香港贫困老人的数量一直居高不下，据统计，1996年以来，老年个案每年都要占到综援个案总数的50%以上（香港特别行政区政府统计处，2005）。1991年，老年综援个案数为4.5万宗，1997年增至10万宗，2004年达到14万宗，占综援个案总数的50.7%，占老年总人口的13.9%。[②] 此外，由于离婚率的上升和家庭结构的变迁，贫困单亲人士的数量持续增加，1996年到2004年单亲综援个案年均增幅达19.0%，单亲个案占综援个案总数的比重从1996年的7.7%上升到2004年的13.4%。综上所述，由于经济转型和社会变迁的影响，香港贫困问题恶化具有客观的必然性。

另一方面，香港的贫困问题又是不合理的社会结构和社会制度或政策造成

---

① 香港特别行政区立法会文件 CB（2）1828/04-05（08）号《消灭老人贫穷，成立老人退休金制度》。

② 香港特别行政区立法会文件 CB（2）1828/04-05（08）号《消灭老人贫穷，成立老人退休金制度》。

的。有香港学者指出,香港社会福利体制由于福利理念偏差和福利制度设计不完善,过于侧重贫困救助的补救性角色,在预防贫困和促进社会公平的预防性和发展性功能上存在严重不足,这客观上不利于维护社会公平、缩减贫富悬殊(欧阳达初、黄和平,2017:375~376)。在香港乐施会一项针对1001名受访者的电话调查中,68.3%的人将香港贫困问题的主要原因归结于经济社会环境,其中,36.3%的人认为是"缺乏完善的退休保障",18.8%的人认为是"税制失去收入再分配的作用",13.2%的人认为是"工资水平过低"(香港乐施会,2017:10),这在很大程度上反映了香港民众对贫困问题主要原因的认知。

与西方发达国家相比,中国香港的初始贫困率并不高,但是由于通过税收和转移支付的再分配手段对贫困问题的调节作用不足,香港的实际贫困率高于西方发达国家。从表3-5可见,2012年,一些西方发达国家甚至连瑞典、丹麦等素以高福利、高平等性著称的北欧福利国家,初始贫困率也近30%,但是在计入税收和转移支付等再分配调节效应之后,实际贫困率不到10%;相比之下,香港的初始贫困率仅19.6%,但是在计入再分配调节效应之后,实际贫困率仍高达15.2%,远高于上述发达国家。由此可见,香港低再分配的经济社会政策,在很大程度上放任和助长了相对贫困问题。对此,顾汝德(Leo Goodstadt)认为,自由主义经济政策和剩余主义社会政策以及由此导致的对穷人的社会保护不足,是滋生香港丰裕背后严重贫困问题的深层原因(Leo Goodstadt,2013)。

表3-5 2012年部分发达国家和地区的贫困率

单位:%

国家和地区	初始贫困率	再分配调节减幅	实际贫困率
丹麦	27.1	21.7	5.4
芬兰	35.3	28.8	6.5
瑞典	29.1	20.1	9.0
法国	40.5	32.4	8.1
德国	34.9	26.5	8.4
英国	34.7	24.2	10.5

续表

国家和地区	初始贫困率	再分配调节减幅	实际贫困率
中国香港	19.6	4.4	15.2

注：表中贫困率的统计方法依据的是国际贫困线标准。

资料来源：OECD. Stat, http：//stats. oecd. org/；香港特别行政区政府，2013，《2012 年香港贫穷情况报告》，http：//www. povertyre-lief. gov. hk/sim/archives. html。

总之，香港的贫困问题属于"丰裕社会"在经济持续高速发展过程中产生的结构性贫困、局部性贫困，它与一些发展中国家因经济落后或社会动乱而出现的发展性贫困、普遍性贫困有根本不同。长期以来，香港以"全球最自由经济体"自居，奉行"不干预主义"，坚持"低税制、低福利、高发展"的发展道路，鼓励自由竞争，造成"自由胜于平等，效率优先公平"，这既培育了香港今日的繁荣和富庶，使其成为全球最自由的经济体和国际金融、贸易和航运中心，但这无疑也为贫富悬殊和贫困问题埋下了伏笔。

第四章
香港贫困人口分布

受经济转型、结构性失业、人力资源错配以及人口结构变化等多重因素的影响,香港贫困人口的分布特征以及致贫原因十分复杂。在20世纪90年代初至21世纪初香港贫困人口分布出现了适龄健全贫困人口数量剧增、新贫困问题日益突出的趋势。一方面是以老弱病残幼等生理性弱势群体为主的传统贫困问题未得到有效解决,另一方面是以结构性失业、在职低收入等社会性弱势群体为主的新贫困问题越来越突出。本章分别分析香港社会比较突出的老人贫困、儿童及青少年贫困、失业贫困、在职低收入贫困、单亲家庭贫困等问题,力求廓清香港贫困人口的主要分布。[①]

一 老人贫困

在香港的贫困问题中,老人贫困问题历来最为突出,老人贫困人口长期高居不下。根据香港乐施会委托的一项针对1001名受访港人的抽样调查,认为"长者贫困问题最严重"的人最多,达到40.3%,相比之下,认为"跨代贫困问题最严重""在职贫困问题最严重"的人分别只有19.1%、14.4%(香港乐施会,2017)。据统计,从1980年以来,香港老人综援个案数量稳步增加,每年占到综援个案总数的50%以上,从1980年的29262宗上升到2006年的151991宗,翻了约5.2倍(香港社会福利署,2003),单是1991~1997年,

---

① 需要指出的是,香港是一个高度多元化的社会,其贫困人口分布极其复杂,除了分布在老人、儿童及青少年、失业、低收入、病残和单亲等弱势群体之外,还分布在新来港人士、少数族裔和妇女等弱势群体。受篇幅所限,这里主要介绍香港社会比较突出的老人贫困、儿童及青少年贫困、失业贫困、在职低收入贫困、单亲家庭贫困等问题。

老人综援个案数就翻了 2 倍多。据统计，60 岁以上高龄综援受助人数不断增加，从 2001 年的 16 万人升至 2005 年的近 19 万人，不仅如此，高龄综援受助人占同年龄段总人口的比例也大大提高了，从 2001 年的 15.8% 上升为 2004 年的 17.3%（香港社会福利署，2003）。截至 2013 年 3 月底，香港约有 26.8 万宗综援个案，其中，老人个案 15.3 万宗，占 57.3%（香港社会福利署，2013：14）。

由于经济稳定增长以及特区政府加大了贫困救助力度，近年来老人综援个案数出现了缓慢下降的趋势。2011~2016 年香港老人综援个案数逐年递减，从 154176 宗降至 144781 宗，累计下降了 6.1%，平均每年下降约 1 个百分点（见图 4-1）。但是，需要注意的是，以上情况是根据综援标准得出的结果，如果采用国际贫困线的标准来估算，香港老人的贫困问题会严重得多。香港社会服务联会根据国际贫困线的标准，计算出 2005 年香港老人的贫困率达到 31.8%，几乎每 3 个老人就有 1 个处于相对贫困状态。根据香港扶贫委员会的统计数据，2014 年老人家庭初始贫困率和实际贫困率分别达到 72.2%、46.9%，是社会总体贫困率的 3 倍以上，老人贫困问题的严重性由此可见一斑。

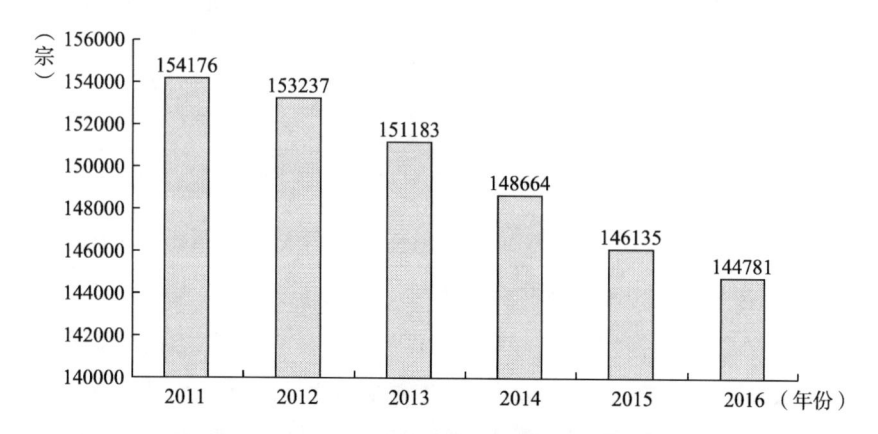

图 4-1　2011~2016 年香港老人综援个案数量

数据来源：香港特别行政区政府统计处，《香港统计年刊（2017 年版）》，第 402 页。

造成香港长期以来贫困老人数量居高不下的原因有很多，但人口老龄化和缺乏完善的退休保障制度是其中两个重要原因。早在 20 世纪 80 年代，香港就步入了老龄化社会，进入90年代后，香港的老龄化速度进一步加快，2003年，香港60岁以上和65岁以上的老人占总人口的比例分别达到15.1%、11.7%。[1] 2006年，香港65岁以上的老人占总人口的比例升至12.2%。[2] 2009~2016年，65岁及以上的长者占全港人口的比例从13.4%增加到16.6%，据特区政府统计处推算，2026年这一比例将达到24.6%，到2036年老人占全港人口的比例将超越30%（见图4-2）。作为世界上人均寿命最长的地区之一，进入2000年以后香港的人均寿命不断延长，根据香港卫生署公布的数据，2017年香港女性及男性的寿命分别达到86.7岁和81.1岁，男女平均寿命均超过日本，位居世界第一。

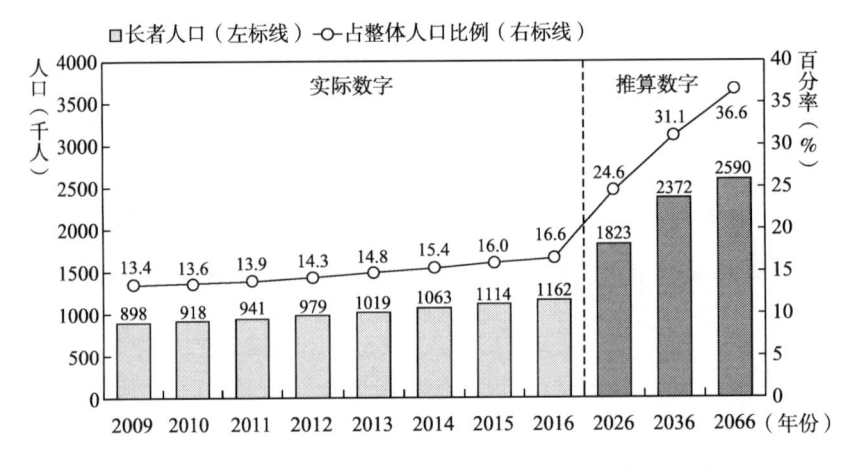

图4-2　香港老人人口规模及其中长期预测

资料来源：香港扶贫委员会，《2016年香港贫穷情况报告》，第49页。

面对数量日益增加、平均寿命不断延长的老龄人口，香港缺乏比较完善的个人退休保障制度。过去，全社会只有政府公务员等少数人可以享受退休保障，其他人则要依靠个人和家庭养老。2000年，在60岁以上的老人中，只有16.7%的人有退休保障，83.3%的老人没有退休保障（香港特别行政区政府统

---

[1] 参见香港特别行政区立法会文件CB（2）1828/04-05（08）号，《消灭老人贫穷，成立老人退休金制度》。

[2] 参见香港中央政策组策略发展委员会社会发展及生活质素委员会工作坊文件CSD/SC/W/1/2006号，《香港的人口状况及趋势资料文件》。

计处，2000）。香港回归祖国后，特区政府在2000年实行了"强积金"①制度作为新的个人退休保障，但是由于多方面的原因（例如，主要依赖个人和雇主供款，不具有再分配功能；制度实施时间至今不足20年，参加强积金缴费的积累年期不够长，退休后的养老保障水平不高②）这项制度尚不能完全担负起退休保障的使命。目前，香港特区政府实施世界银行所提倡的是"个人储蓄+退休保障（以强积金制度为主）+最低生活保障（以综援制度为主）"的养老保障模式，这种模式能否真正担负起香港老人养老保障的重任依然有待于实践的进一步检验。可以预见的是，在未来相当长的一段时间内，由于进一步的人口老龄化、人均寿命延长和家庭、人口结构的变化，香港的老人贫困问题很难得到根本的改观，贫困老人仍将是贫困群体的主要构成部分之一。

二 儿童及青少年贫困

由于贫困问题的恶化以及失业青年、失学及待业青少年急剧增加，香港的儿童及青少年贫困问题不断严重化（郑之灏，2004：39~55），贫困儿童及青少年成为香港贫困群体的重要组成部分。从表4-1可以看到，2001~2005年，香港儿童及青少年综援受助人数量稳步增加，从2001年的115300人增加到2005年的163100人，4年增幅约42.46%，增速相当明显。据统计，2001~2004年不同年龄段的儿童及青少年综援受助人占同年龄段人口总数的百分比扶摇直上，以15~21岁的青少年为例，2001年，这个年龄段的综援受助人占同年龄段总人口的4.2%，2004年，这个比例达到7.0%，尽管绝对数字并不很

---

① 强积金是强制性公积金的简称，是香港特区政府在2000年12月1日正式实行的一项政策，强制香港所有雇员成立投资基金以作退休之用，由香港公营机构强制性公积金计划管理局监察。根据规定，除部分豁免人士（享受法定退休计划或公积金计划的公务员和公办学校教师等）外，所有18岁至65岁并长期在香港居住和工作的雇员和自雇人士，都必须参加强积金计划。关于强积金的详细情况参见：强制性公积金计划管理局网站，http：//www.mpfa.org.hk/。
② 有香港学者对于强积金的退休养老保障水平进行了测算，按照2016年因退休而发放的权益以及退休者的平均寿命计算，每月的平均养老金只有1100元左右，相较目前香港市民的退休养老需求无疑是杯水车薪，参见欧阳达初、黄和平，2017：314。

高，但增速不小。① 上述结果表明，不仅贫困儿童及青少年的绝对人口在增加，他们占同龄人口的比例也越来越大。

表4-1 2001~2005年不同年龄段的儿童及青少年综援受助人数

单位：人

年龄	2001年	2002年	2003年	2004年	2005年
0~5	18200	22300	25300	26200	24900
6~14	70800	84400	93600	95600	91800
15~21	26300	33000	39500	44300	46400
合计	115300	139700	158400	166100	163100

资料来源：香港扶贫委员会，《贫穷指标：2005年的最新情况》，文件第14/2005号。

上述数据是根据综援个案统计所得，属于保守估计。根据香港社会服务联会的计算，如果把生活在收入低于全港相同人数住户收入中位数50%的家庭的人口界定为贫困人口，那么，从1995年到2005年第一季度，香港15~24岁贫困青少年的数量从92600人增加到167400人，增幅达到80.78%，同期他们占同年龄段人口总数的比例从11.0%上升到18.6%，这明显高于根据综援个案得出的结果。② 2001~2010年，香港儿童人口从110万人下降到85万人，贫困儿童人数随之减少，从24万人降至20万人，但是香港儿童的贫困率仍处于较高水平，基本上在22%~24%的区间范围波动，是各年龄段中除老人以外贫困率最高的年龄组。2010年儿童贫困率为22.9%，几乎每4个儿童就有1个儿童生活于贫困家庭。由表4-2可见，2001~2010年，香港青少年贫困问题并未缓解，贫困青少年人数从13万人增加到17万人，升幅达到30.8%，贫困率从15.2%上升至19.3%。国际经验表明，贫困家庭的孩子与富裕家庭的孩子在认知能力和非认知能力方面存在巨大差异，这是贫困代际再生产的重要原因。因此，促进儿童早期发展、防止跨代贫困，不仅需要改善贫困家庭的经济状况，更需要通过心理、教育、社会服务等综合干预来为贫困儿童发展创造

---

① 香港扶贫委员会文件第14/2005号，《贫穷指标：2005年的最新情况》。
② 香港扶贫委员会文件第26/2005号，《贫穷指标（最新资料）》。

良好的家庭条件与社会环境（世界银行，2015：111~124）。优化上述综合干预体系应成为香港社会缓解儿童贫困的重点方向。

香港青少年贫困问题的原因十分复杂，其中有两个关键原因：一是香港的青年失业问题比较严重，青年失业率一直保持在社会整体失业率的4倍以上的水平，2010年社会整体失业率为4.4%，青少年失业率达到20.8%，是社会整体失业率的近5倍；二是青少年劳动参与率呈现不断下降的趋势，2001年青少年劳动参与率为44.9%，这一数字在2010年降至36.3%，这说明越来越多的青少年游离在就业市场之外（香港社会服务联会，2011）。在香港劳动力市场上，青年由于工作经验不足、就业压力大而成为弱势群体，很容易出现薪酬低、就业不足、工作欠缺成就感等问题，甚至导致失业青年长期在家，沦为"啃老族"（何汉权、邱国光，2017）。

表4-2　2001~2010年香港儿童贫困人数及贫困率、青少年贫困人数及贫困率

单位：万人，%

年份	贫困儿童数	儿童贫困率	贫困青少年数	青少年贫困率
2001	24	22.3	13	15.2
2002	25	23.7	14	16.5
2003	22	21.6	14	16.2
2004	23	23.1	15	16.9
2005	21	22.0	14	16.1
2006	21	22.4	14	16.0
2007	21	22.4	15	16.8
2008	21	22.8	15	17.2
2009	19	22.4	16	18.2
2010	20	22.9	17	19.3

数据来源：香港社会服务联会，《2001~2010年香港贫穷统计数字》。

青少年是香港社会的未来。特别值得警惕的是，近年来香港贫富悬殊，房价高居不下，有的青年因就业困难和畏难心而长期待业在家、沦为"啃老族"，有的青年受不良唆使而误入歧途甚至违法犯罪，这都为香港社会的稳定埋下了隐患。因此，如何更好地缓解青少年贫困问题、改进青年社会政策，为

香港年轻一代创造更多向上流动的机会,是摆在香港特区政府和香港整个社会面前的一个重要而紧迫的任务。

三 病残人士贫困

病残人士主要包括"病"和"残"两种,"病"主要指长期患病或身体健康状况差等健康欠佳者,"残"主要指聋、哑、盲、瘫、精神病和智障等残障人士(香港特别行政区政府统计处,2001)。他们由于自身生理或心理等方面的缺陷,加之遭受不同程度的社会歧视和社会排斥,在参与社会及经济活动方面存在诸多障碍,一直是香港社会"最不能自助者"之一,也是贫困群体的重要构成之一。失业、低收入等适龄健全劳动力人口属于"暂时性贫困群体",他们有可能通过重新就业等方式摆脱贫困,病残人士一旦陷入贫困,就有可能沦为"持续性贫困群体",如果没有政府和社会外界的强有力支持,单靠他们自身很难摆脱贫困的阴影。因此,相比其他贫困群体,病残人士的地位往往更加脆弱,一旦遇上经济不景气,他们的境遇往往更加悲惨。根据香港社会服务联会在2011年开展的《香港匮乏及社会排斥研究:领取综援人士、残疾人士家庭、长者的匮乏及社会排斥状况》访谈调查,33.1%的残疾人家庭在日常生活中存在匮乏的问题,其中15.9%的人"居住环境不安全,有结构性的危险"或"家里缺乏活动空间,经常要蜷缩在床上",17.9%的人"没有一件体面的衣服",25.0%的人难以负担有需要时"打的士"往返医院就诊(香港社会服务联会,2012b)。

1997年亚洲金融危机后,伤残人士饱受失业的严重打击。2000年,伤残人士的失业率(不包括智障人士在内)是香港整体劳动人口失业率的2.5倍,而智障人士及长期病患者的就业机会更是微乎其微(香港社会服务联会,2006:9)。香港贫困病残人士之数基本处于稳步增加的状态。1995~2004年,永久性残疾综援个案和健康欠佳综援个案分别从9679宗、13767宗增加到16764宗、23201宗,两者年均增幅分别达到6.3%、6.0%。不过,相比其他类型的贫困人口,病残人员的增速和增幅都相对平稳,这表现为:在综援个案中,"病""残"两类个案的增速靠后,虽然其绝对数量在增加,但其相对数量却在减少，占综援个案总数的比重有所下降。其中，永久性伤残个案所占比重从 7.5% 降到 5.7%，健康欠佳个案所占比重从 10.7% 降到 7.8%（香港特别行政区政府统计处，2005）。

2006 年，香港病残综援个案数为 42300 宗，2011 年增加到 43647 宗，此后保持连年下降的趋势，2014 年降至 42975 宗，2016 年进一步降至 41528 宗（见图 4-3）。2012~2016 年香港病残综援个案累计减少 2040 宗，降幅为 4.68%，平均每年减少近 1 个百分点。近年来香港病残综援个案的减少，既得益于香港持续稳定的经济增长以及社会总体收入水平的逐渐提高，也得益于香港医疗卫生事业的发展和包括贫困救助在内的社会福利保障水平的不断提升。

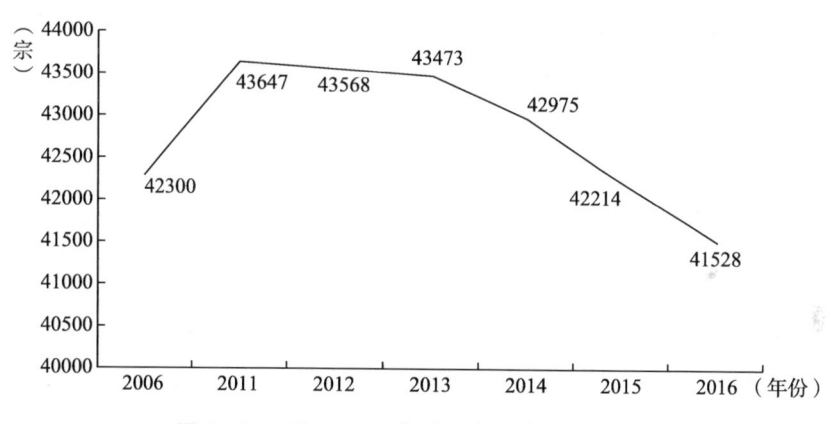

图 4-3　2006~2016 年香港病残综援个案数量

注：图中病残综援个案数是永久性残疾和健康欠佳两类个案的总数。
资料来源：香港特别行政区政府统计处，《香港统计年刊（2017 年版）》，第 402 页。

近年来香港病残综援个案数出现减少的势头，在一定程度上可以说明残疾人绝对贫困问题得到了缓解，但值得注意的是，残疾人相对贫困问题依然严重。根据香港扶贫委员会的统计，2013 年香港残疾人士的初始贫困率达到 45.30%，实际贫困率达到 29.50%，分别是当年社会整体初始贫困率和实际贫困率的 2.28 倍、2.04 倍，即便计入税收及转移支付的再分配效应，2013 年香港仍有 12.03 万户贫困残疾人家庭、14.74 万个贫困残疾者（香港特别行政区政府扶贫委员会，2014）。造成残疾人相对贫困率比较高的原因主要有：残疾人身体条件普遍较差，在就业市场中处于明显弱势地位；健全劳动残疾人参与经济活动程度较低，面临就业难的困难；在职残疾人文化程度和技能水平普遍不足，多从事低技术含量的工作；参加就业的残疾人受其健康状况和身体条件所限，难以从事全职工作。例如，2013年在18~64岁的残疾贫穷人士中，83.8%的人没有从事经济活动，只有14.4%的人在职；这些在职的残疾人士，67.1%的人的学历在高中以下，89.2%的人从事的是低技术含量的职业（香港特别行政区政府扶贫委员会，2014：32、34）。

四 失业贫困

1997年亚洲金融危机后，香港经济遭受重创，失业率从1997年的2.2%上升至1999年底的6.3%，2001年11月达到5.8%（黄洪，2004：1~13），2003年超过8%。① 在这种背景下，失业人员在贫困人口中所占比重持续增加。据统计，1995~2004年，香港的失业综援个案数量从8816宗升至45231宗，平均每年增幅为19.9%，累计增长513%，同期失业综援个案占综援个案总数的比重从6.8%上升到15.3%（香港特别行政区政府统计处，2005），增速相当明显。在2004年以后的几年里，由于经济好转，失业率有所下降，失业综援个案亦略有下降。2004年、2005年失业率分别降至6.6%、5.3%，2006年第三季度进一步降至4.7%，低于2006年第二季度的5.0%及2005年第三季度的5.4%（香港特别行政区政府统计处，2006a：13）。与此同时，2005年失业综援个案降为44224宗，2006年进一步下降至39175宗。

在失业人士尤其是长期失业的人士当中，大多数人受教育程度低、职业技能低、年龄大，相当一部分为"二低一中"人员即低学历、低技术、40岁以上中年人士。在产业结构升级的条件下，他们很难重新再就业，即便就业，大多进入不稳定的非正规经济部门或边缘性服务行业，报酬低，缺乏保障。因此，相当一部分失业人员陷入了长期失业，只能依靠政府救助为生。从表4-3可以看到，在2003~2006年失业健全综援受助人领取综援的时间明显延长，其中，整体中位数从2003年3月的18个月增加到2006年3月的39个月，同

---

① 参见香港特别行政区政府统计处，2006，《香港统计数字一览（2006年编订）》，2月；扶贫委员会文件第8/2006号，《低收入住户分析》。

期领取综援的时间在3年以上的失业者所占比重从34.0%升至53.0%。2006年3月,有53.0%的失业综援受助人领取综援的时间在3年或以上。可见,失业对贫困的影响很大,失业者一旦跌到贫困线以下、接受社会救助,便很难摆脱政府救助、实现自力更生。

表4-3 失业健全受助人领取综援的时间

单位:%

领取综援的时间	2003年3月	2004年3月	2005年3月	2006年3月
小于6个月	20.8	14.4	11.7	10.2
6~11个月	17.9	17.7	10.1	8.7
12~23个月	18.7	21.3	19.3	13.3
24~35个月	8.6	13.0	16.4	14.8
36个月及以上	34.0	33.6	42.4	53.0
中位数(月)	18	22	31	39

资料来源:香港扶贫委员会,2007,《扶贫委员会报告》,第49页。

近年来由于香港经济保持了持续稳定的增长,失业率一直处于较低水平。根据特区政府统计处的统计,2011~2016年香港失业率稳定保持在3.3%~3.4%的水平,总体实现了充分就业(香港特别行政区政府统计处,2017a:24)。受其影响,香港失业综援个案处于连续下降的态势,2011~2016年,失业综援个案从26081宗降至13981宗,累计减少12100宗,降幅达到46.39%,年均减少7.73%(见图4-4)。

虽然从绝对贫困来看,近年来香港失业贫困者的人数不断减少,但从相对贫困来看,香港失业者相对贫困的问题仍然存在。目前除综援家庭外,贫困率最高的是失业家庭。由图4-5可见,2013~2016年,香港失业家庭的贫困率一直处于较高水平,其中初始贫困率保持在80%左右,实际贫困率保持在68%左右,高于社会平均水平。

就业不仅意味着拥有了工作和收入,也意味着拥有了社会身份,与社会发生了联结,因而就业是提升穷人参与经济、融入社会并实现可持续发展的关键(世界银行,2013:9~18)。近年来,特区政府十分重视失业贫困,并投放了

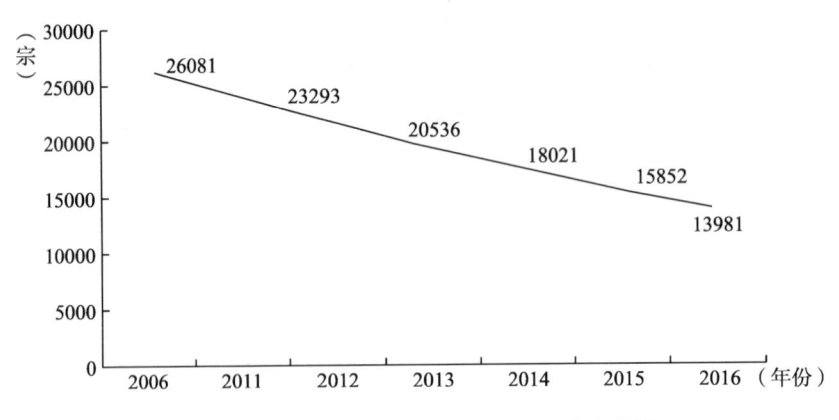

图 4-4　2011~2016 年香港失业综援个案数量

资料来源：香港特别行政区政府统计处，2017，《香港统计年刊（2017 年版）》，第 402 页。

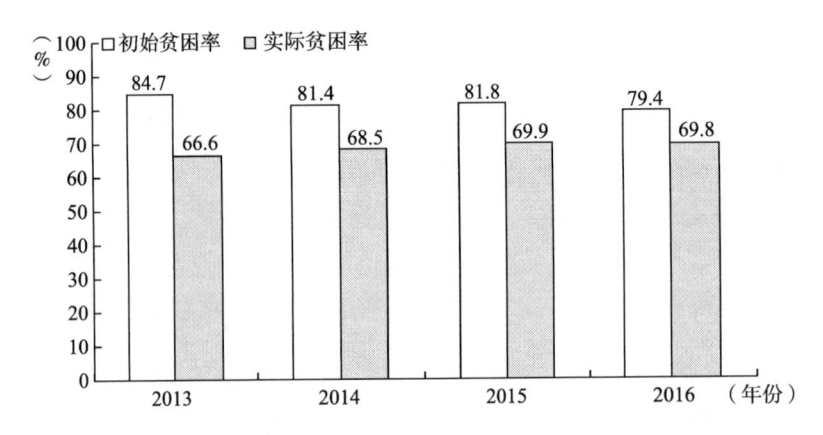

图 4-5　2013~2016 年香港失业家庭初始及实际贫困率

资料来源：香港扶贫委员会，2013~2016 年历年《香港贫穷情况报告》。

大量的资源帮助失业者脱贫，但是，由于经济转型、结构性失业及人力资源错配等因素的影响，香港的失业贫困问题依然不容乐观。虽然失业率明显下降、失业人员规模得到控制，但如何帮助现有的失业人士尤其是长期失业人士重新就业、摆脱贫困，依然任重而道远。

五　在职贫困

受经济转型、社会变迁以及数字技术发展等多重因素的影响，发达国家和地区出现了大量传统就业岗位消失、非正式雇佣增加、劳动力市场分化加剧等现象（世界银行，2018：124～125），由此产生了规模庞大的"穷忙族"（working poor）即收入低微、终日劳碌奔波却无法摆脱贫困的人（戴维·希普勒，2015）。在香港，这些"穷忙族"里有很多人陷入了在职贫困，成为在职低收入者。所谓在职低收入者，主要指那些有工作但工作收入低于贫困标准的人员。20世纪90年代以后的香港经济转型造成大量劳工陷入结构性失业，一些低技术、低学历人员不得不转向低报酬、低保障、不稳定的非正规部门和服务行业就业（如餐饮业、旅馆业、清洁、维修和保安等行业）。这些人虽然有工作，但是由于收入太低、不足以支撑整个家庭的生活水平，所以成为在职低收入者。

1997年亚洲金融危机后，香港经济步入低谷，失业率节节上升，劳动力市场恶化，低收入者数量大幅度增加，低收入者贫困状况恶化。图4-6显示了1997年亚洲金融危机后香港低收入住户的数目变化情况，1997年第三季度，香港共有8.41万个家庭月收入低于4000元的住户，2003年第三季度这个数字达到20.36万户，共增加了近12万户，增幅相当明显。此后，由于经济逐渐好转，低收入住户之数有所下降，但仍高居不下。截至2005年第三季度，香港仍有19.29万户家庭月收入低于4000元，同期低收入住户占到香港住户总数的8.4%。[1]

在20世纪90年代中期以后，不仅低收入综援个案大幅度增加，他们占综援个案总数的比重也大大提高了，1995～2004年，低收入综援个案从1656个增加到16176个，平均每年增幅28.8%，在各类综援个案增速中名列第一，同期低收入个案占综援个案总数的比重也从1.3%提高到了5.5%（香港特别行政区政府统计处，2005）。需要指出的是，综援低收入个案远未包括实际的低收入住户，因为很多低收入家庭虽然收入很低，但他们并未领取综援，而是自力更生，2005年，收入低于平均综援金额但没有领取综援的低收入贫困人士约有40万（《香港贫穷情况主要数字》，2007）。

低收入者普遍受教育程度低、家庭负担重、从事低技术工作。根据有关资料，2003年底，在低收入综援申请人中：59%的人介于40～54岁，是典型的

---

[1] 参见香港特别行政区政府扶贫委员会文件第8/2006号，《低收入住户分析》。

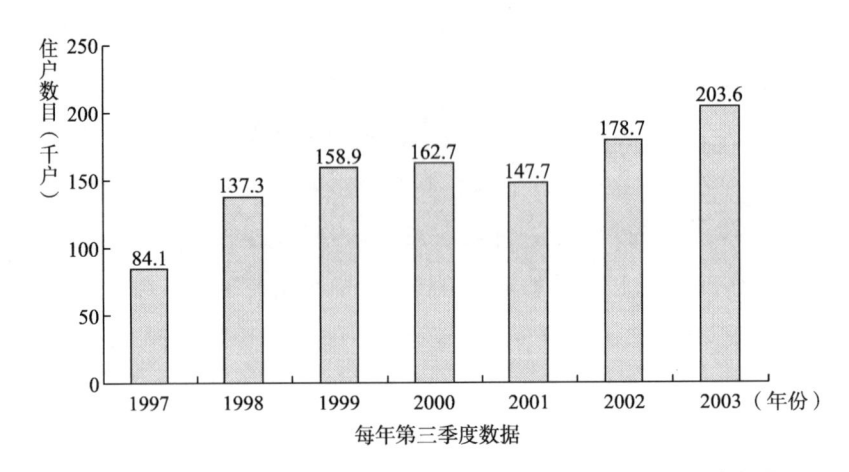

图 4-6　1997~2003 年家庭月收入低于 4000 元的低收入贫困户数量

资料来源:《综合住户统计调查按季统计报告书》,2004,转引自香港社会服务联会向香港特别行政区行政长官提交的周年建议书,《扶贫纾困,共建和谐社会》。

"4050 人员","上有老、下有小",负担很重；61% 的人只有小学或以下的受教育程度；大部分从事诸如售货员、守卫、清洁工人和杂工等低技术工作；61% 的人每月收入低于 5500 元。① 对于这些低收入者来说,一旦陷入贫困,便很难摆脱。从表 4-4 可以看到,从 2003 年 3 月到 2006 年 3 月,低收入健全受助人领取综援时间的中位数从 25 个月增加到 43 个月,同期领取综援时间在 3 年以上的人所占比重从 40.8% 升至 60.0%。2006 年 3 月,在低收入健全受助人当中,有 60.0% 的人领取综援时间在 3 年或以上,由此可见低收入综援受助者领取社会救助的时间越来越长,摆脱贫困的难度越来越大。

表 4-4　低收入健全受助人领取综援的时间

单位:%

领取综援的时间	2003 年 3 月	2004 年 3 月	2005 年 3 月	2006 年 3 月
小于 6 个月	13.6	7.6	5.2	3.9
6~11 个月	16.4	16.1	8.3	6.4
12~23 个月	18.9	22.1	20.0	12.6
24~35 个月	10.4	13.7	18.7	17.1

---

① 香港特别行政区立法会文件 CB (2) 1002/05-06 号,《有关在职贫穷的报告》。

续表

领取综援的时间	2003 年 3 月	2004 年 3 月	2005 年 3 月	2006 年 3 月
36 个月及以上	40.8	40.5	47.8	60.0
中位数（月）	25	27	35	43

资料来源：香港扶贫委员会，2007，《扶贫委员会报告》，第 49 页。

2001~2010 年，香港在职贫困家庭数量大体在 19 万个上下波动，其中 2003 年和 2005 年处于其间最低水平 18.1 万个，2010 年达到最高值 20 万个，约占 2010 年香港贫困家庭总数的 40%，约占香港家庭总数的 10%（见图 4-7）。

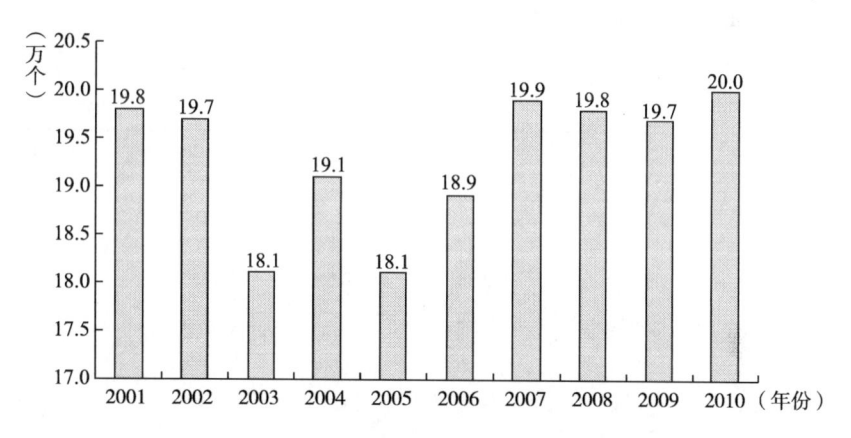

图 4-7　2001~2010 年香港在职贫困家庭数量

数据来源：香港社会服务联会，《2001~2010 年香港贫穷统计数字》。

近年来香港在职贫困问题越来越需要引起重视。2010 年，每月家庭收入低于同组别家庭收入中位数 50% 的在职贫困家庭数为 171400 个，2014 年增加到 189500 个，比 2010 年上升了 10.6%，年均增加约 2 个百分点（见表 4-5）。根据香港乐施会的研究，在 2010 年第二季度，香港共有 19.25 万个在职贫困家庭，其中 64.6% 的家庭月收入低于综援线，在收入低于综援线的在职贫困家庭中，只有 12% 的家庭申领综援，这说明，大部分在职贫困家庭的生活水平在综援线以下，虽然很多在职贫困家庭符合综援条件，但只有极少数领取综援（香港乐施会，2010）。

根据香港扶贫委员会的统计，2014 年香港在职贫困家庭人口总数为 64.75 万（香港乐施会，2015），当年年中香港总人口为 722.95 万（香港特别行政区政府统计处，2017a），在职贫困人口数占总人口数的9.0%。在香港，很多人拼命工作却依然入不敷出，生活水平跌落到贫困线以下。在职贫困者多分布在零售业、服务业、建筑业、运输业、物流业等低技术含量行业从事低薪工作。造成香港在职贫困问题的主要原因有：经济转型催生了大量低薪行业和工种，非正式雇佣和兼职工作增多，最低工资水平偏低导致就业者难以负担家庭基本生活需要，在职贫困者的受教育程度和技能水平较低，在职贫困家庭多因"上有老，下有小"而家庭负担较重[①]等。

表4-5 2010~2014年香港每月家庭收入低于同组别家庭收入中位数50%的在职贫困家庭数

单位：个

	2010	2011	2012	2013	2014
1人家庭	3800	3400	4200	4800	3800
2人家庭	23400	25100	27200	31400	30200
3人家庭	61000	62900	67200	71700	69300
4人家庭	59400	61300	63700	63500	62900
5人家庭	17800	18000	17000	17600	17000
6人及以上家庭	6100	5800	5800	5400	6200
合计	171500	176500	185100	194400	189400

资料来源：香港乐施会，《香港在职贫穷报告2010年至2014年》。

六 单亲家庭贫困

由于经济转型以及人口结构变化等复杂因素的影响，进入2000年之后，香港单亲家庭贫困人士数量上升。1995~2004年，单亲综援个案的数量从8268宗升至39536宗，增幅达378.2%，平均每年增幅19.0%，同期单亲个案占综援个案总数的比重也从6.4%提高到13.4%，增幅相当明显（香港特别行

[①] 根据香港乐施会的研究，2014年香港在职贫困家庭中，49.9%的家庭有15岁或以下的家庭成员，25.8%的家庭有最少一名65岁或以上的老人，参见香港乐施会，《香港在职贫穷报告2010年至2014年》。

政区政府统计处，2005）。如果按照国际贫困线标准把中位收入的50%定为贫困线的话，那么，1996~2005年，单亲家庭的贫困率从31.8%上升至41.7%，而同期双亲家庭的贫困率仅从16.6%小升至19.1%（香港社会服务联会，2006：8）。无论是从绝对数量还是相对数量来看，单亲家庭贫困问题由此可见一斑。

离婚率的上升和家庭结构的变迁一度导致香港单亲家庭数量不断增加。2001年，香港共有58460个单亲人士，2004年，这个数字上升到74200。[①] 2002~2005年，香港单亲综援个案从29534宗增加到39821宗，4年之间增加了10287宗，累计增幅达到34.8%，年均增长8.7%。但是，最近10余年来，受经济持续稳定增长、整体收入水平及福利保障水平不断提升等多重因素的影响，香港单亲综援个案数及其占综援个案总数的比重呈现双双下降的趋势。2005~2015年单亲综援个案数逐年下降，从39821宗降至29284宗，恢复到了2002年的水平；单亲综援个案占综援个案总数的比重从13.4%降至11.7%，甚至低于2002年12.0%的水平（见表4-6）。

表4-6 2002~2015年单亲综援个案数及其占综援个案总数的比重

单位：宗，%

年份	单亲综援个案数	单亲综援个案数及其占综援个案总数的比重
2002	29534	12.0
2003	34249	12.6
2004	37949	13.1
2005	39821	13.4
2006	39497	13.3
2007	38278	13.0
2008	36626	12.8
2009	36838	12.7
2010	35922	12.5
2011	34142	12.1
2012	32579	11.8

---

① 根据2004年第四季《综合住户统计调查》的数据编制，2005年7月6日立法会会议第15题。

续表

年份	单亲综援个案数	单亲综援个案数及其占综援个案总数的比重
2013	30531	11.4
2014	29852	11.5
2015	29284	11.7

注：以上数据为截至每年3月底的数据。
资料来源：香港社会福利署，2011~2015年历年的《社会福利署回顾》。

造成单亲贫困问题的原因很多，其中一个重要原因是香港社会的离婚率不断上升，居高不下。根据特区政府统计处的统计，1980年至2015年，香港社会的一般离婚率从1.00上升到3.11，粗略离婚率从0.77增加到2.75。[①] 离婚率上升推高了单亲家庭的数量，单亲人士尤其是单亲女性，由于年龄、性别、家庭支持能力和工作时间等方面的原因（例如需要照顾小孩难以从事全职工作，家庭劳动力少仅靠1人工作难以养家等）在劳动力市场上处于不利地位，在社会经济环境恶化的情况下他们很容易陷入贫困，因而单亲人士一直是贫困发生率比较高的弱势群体之一。尤其值得注意的是，在单亲人士中，单亲女性占了绝大多数，2001年单亲女性占了单亲人士总数的77%（香港特别行政区政府统计处，2006b），2016年香港共有56545名单亲妈妈，是单亲爸爸人数（16883人）的3倍（香港特别行政区政府统计处，2018a：20）。从全球范围来看，女性通常在经济参与、就业市场以及家庭分工等方面处于弱势地位（世界银行，2012：13~22）。考虑到在香港社会女性尤其是单亲女性在就业市场面临明显的不利地位，单亲女性居多无疑增加了单亲家庭陷入贫困的风险。

2006年，单亲人士的家庭住户每月收入中位数为10000元，2011年微升至10450元，2016年增加到14820元，而2006年、2011年及2016年全港家庭住户的每月收入中位数分别为17250元、20500元及25000元，远远高于单亲家庭的收入水平（香港特别行政区政府统计处，2018a：60）。2016年，香港

---

① 按照特区政府统计处的计算标准，一般离婚率是指某一年内，获颁布离婚令数目相对该年年中每千名15岁及以上人口的比率；粗离婚率是指某一年内，获颁布离婚令数目相对该年年中每千名人口的比率。参见香港特别行政区政府统计处，2017，《香港人口趋势1986~2016》，12月28日，第75页。

单亲家庭初始贫困率达到47.1%，实际贫困率达到34.4%，远远高于社会总体初始贫困率19.9%、实际贫困率14.7%的水平，也明显高于新移民家庭初始贫困率36.5%、实际贫困率30.1%的水平（香港扶贫委员会，2017：55）。因此，如何缩减贫富差距、帮助包括单亲贫困人士在内的弱势群体摆脱相对贫困，依然是香港扶贫工作面临的重要课题。

七 贫困人口分布及变动趋势

按照导致贫困的主要或直接原因，可以把香港的贫困人口分为两大类。一是老人、儿童及青少年、病残人员等生理性弱势群体，他们主要因为年龄、健康等个人心理或生理方面的原因处于弱势地位，虽然有社会方面的原因，但导致弱势的直接原因却是生理性的，这部分人大多是非适龄健全劳动人口。二是失业、低收入、单亲人士、新移民等社会性弱势群体，他们主要因为社会结构或社会变迁等社会原因（如就业和薪酬制度不合理、遭受社会排斥、结构性失业等）处于弱势地位，虽然有个人方面的原因，但导致弱势的主要原因是社会性的，这部分人大多是适龄健全劳动力人口（王思斌，2002；刘祖云、刘敏，2005）。

在20世纪90年代以前，由于保持了较高的经济增长速度，香港基本实现了充分就业，失业率因而一直很低，在相当长的一段时间里维持在3%以下的水平（香港特别行政区政府统计处，2003b：24）。当时，失业、低收入和单亲等社会性弱势群体的贫困问题并不突出，贫困人口中老弱病残和无依无靠等生理性弱势群体所占比重较大（莫泰基，1999：7~9），这种状况在综援个案的构成之中得到反映。长期以来，香港的综援个案以老人、残疾和健康欠佳者等为主，这些个案加起来占到综援个案总数的70%甚至80%以上，而失业、低收入和单亲等个案较少。社会福利署的调查报告也显示，绝大部分综援人士属于老弱病残，而非有劳动能力的人口。[①]

在20世纪90年代以后，受经济加速转型、结构性失业、人力资源错配和劳动力市场进一步分化等因素的影响，加上家庭和人口结构的变化，香港社会

[①] 香港社会福利署，2011~2015年历年的《社会福利署回顾》。

性弱势群体的"新贫困"(new poverty)问题越来越突出。在这段历史时期,老人和残障等生理性弱势群体的贫困问题未得到有效控制,失业和低收入等社会性弱势群体的贫困问题越来越突出,其结果就是,贫困群体的结构发生变化,失业、低收入和单亲等社会性弱势群体在贫困群体中所占比重明显上升。特别是在1997年亚洲金融危机后的几年里,受经济增长放缓、失业率上升等因素的影响,失业、低收入者、单亲家庭人士等适龄健全贫困人口的数量大幅度增加,在贫困群体中所占比重越来越大,这种变化反映在综援个案构成的变化之中为上述综援个案越来越多,在综援个案中所占比重也越来越大。从表4-7可以看到,1995年以来,低收入、失业和单亲等适龄健全综援个案每年平均增幅分别达到28.8%、19.9%和19.0%,增速远远快于年老、残障等个案的增长速度,它们在综援个案总数中所占比重大大提高了,三类个案加起来占综援个案总数的比重从1995年的14.5%升至2004年的34.2%,而同期年老、伤残和健康欠佳个案加起来所占个案总数的比重则从80.7%降至64.2%,二者此消彼长关系明显。另据统计,从1994年到2004年,低收入、失业和单亲等健全综援受助人的数量从44912人增至261040人,增幅达到480%。①

表4-7 1995~2004年不同综援个案类别占个案总数的百分比

单位:%

个案类别	1995	1996	1997	1998	1999	2000	2001	2002	2003	2004	个案数年均增幅
年老	62.6	59.5	58.4	53.5	57.9	58.9	57.2	53.6	50.7	50.7	7.1
永久伤残	7.5	7.1	6.8	6.6	5.1	5.4	5.6	5.5	5.4	5.7	6.3
健康欠佳	10.7	10.8	10.9	11.0	8.6	8.7	8.2	7.8	7.6	7.8	6.0
单亲	6.4	7.7	8.5	10.8	11.0	11.4	11.8	12.4	12.9	13.4	19.0
低收入	1.3	1.8	2.2	3.2	3.5	3.7	3.7	4.0	4.7	5.5	28.8
失业	6.8	8.9	9.1	13.3	12.2	10.3	12.0	15.2	17.3	15.3	19.9
其他	4.8	4.2	4.0	1.5	1.7	1.7	1.6	1.5	1.5	1.7	-2.4

资料来源:香港特别行政区政府统计处,2005,《1995年至2004年综合社会保障援助计划的统计数字》,《香港统计月刊》,7月。

① 香港特别行政区政府扶贫委员会文件第20/2005号,《综合社会保障援助计划健全人士综援个案数目——过往趋势和2014年的情况》。

近10年来，除了2008年受美国金融危机影响经济出现波动之外，香港经济大体上保持了稳步增长的势头，失业率得到了控制，加之特区政府在此期间推出了最低工资等制度，明显加大了扶贫投入力度。近年来香港贫困人口呈现不断减少的趋势。根据香港扶贫委员会的统计，按照国际贫困线的标准，2009～2016年，香港实际贫困人口从104.3万人降至99.6万人，实际贫困率从16.0%降至14.7%。根据综援标准，在2006年以前的30年时间里，香港综援个案保持持续增加的势头，从1971年的13509宗增加到297434宗，翻了22倍；但是近10年来，香港综援个案呈现不断下降的趋势，从2006年的297434宗降至2015年的251099宗，降幅达到了15.58%。值得注意的是，2004年前10年出现的老弱病残等传统综援个案越来越少、失业和低收入等新综援个案越来越多的趋势在2005年后发生了逆转，即老弱病残等传统综援个案越来越多、失业和低收入等新综援个案越来越少。从表4-8可以看到，2005年至2016年，老年综援个案占综援个案总数的比重从51.1%增至61.2%，永久伤残和健康欠佳个案所占比重分别从5.9%、8.0%增至7.4%、10.2%，单亲、低收入、失业综援个案所占比重分别从13.3%、6.1%、13.7%降至11.3%、2.1%、5.9%，单亲、低收入、失业综援个案所占比重总数从33.1%降至19.3%，而同期老人、永久伤残、健康欠佳三类综援个案所占比重总数从64.4%增至79.4%，此消彼长关系相当显著。

表4-8　2005～2016年不同综援个案类别占个案总数的百分比

单位：%

个案类别	2005	2006	2007	2008	2009	2010	2011	2012	2013	2014	2015	2016
年老	51.1	51.9	53.3	53.0	53.1	54.5	56.0	57.3	58.3	59.2	60.2	61.2
永久伤残	5.9	6.1	6.2	6.2	6.3	6.5	6.7	6.9	7.1	7.3	7.3	7.4
健康欠佳	8.0	8.3	8.6	8.6	8.8	8.9	9.2	9.4	9.7	9.9	10.1	10.2
单亲	13.3	13.0	12.8	12.7	12.5	12.1	11.4	11.5	11.5	11.7	11.6	11.3
低收入	6.1	6.1	5.9	5.6	5.4	5.0	4.3	3.7	3.3	2.9	2.5	2.1
失业	13.7	12.5	11.1	11.5	11.3	10.4	9.5	8.7	7.9	7.2	6.5	5.9
其他	1.9	2.1	2.1	2.3	2.5	2.6	2.6	2.6	2.2	1.9	1.9	1.9

资料来源：香港特别行政区政府统计处，《香港统计年刊（2013年版）》，第396页；《香港统计年刊（2016年版）》第400页；《香港统计年刊（2017年版）》第402页。

总之，受经济转型、结构性失业、人力资源错配以及家庭和人口结构变化等多重因素的影响，香港在经济高速发展、民众整体生活水准不断提高的同时，一直饱受贫富差距扩大、贫困问题恶化的困扰。在此过程中，香港社会的贫困问题的表现形式以及致贫原因越来越复杂，其贫困人口分布一度出现了适龄健全贫困人口数量剧增、新贫困问题日益突出的变动趋势。一方面是以老弱病残幼等生理性弱势群体为主的传统贫困问题未得到有效解决，另一方面是以结构性失业、在职低收入等社会性弱势群体为主的新贫困问题逐渐突出。这种趋势可谓"屋漏偏逢连夜雨"，对香港社会的扶贫政策提出了严峻的挑战。

第五章
香港的贫困救助[*]

社会救助乃是兜底安全网，是社会稳定的基石。香港立足其地情、社情，建立了一套高度完善、具有香港特色的社会救助制度，为香港经济发展和社会稳定提供了有力保障。20世纪90年代以后，经济、社会等领域发生的重要变化导致这一制度面临诸多挑战，为此，香港社会救助进行了一系列改革，汲取了当代全球先进福利理念及经验，在许多方面突破了单纯强调收入援助的传统救助模式，而转向一种新的具有社会投资倾向的积极救助模式。香港的经验表明，建立社会救助要立足本地实际，坚持走地情、社情路线；发展社会救助要量入为出、量力而行，遵循渐进主义原则；改革社会救助要突出资产与能力建设，创新发展型救助模式。本章首先回顾香港贫困救助的历史发展，其次探讨香港贫困救助的体系、特点及其面临的问题，最后分析香港经验对内地贫困救助的启示意义。

一 社会救助的概念

在探讨香港贫困救助之前，首先有必要对社会救助的概念进行厘定。目前，国际社会对社会救助的概念尚未有严格、公认和明确的定义（Eardley et al.，1996：15），不同国家和地区由于社会福利制度不同，其社会救助的范畴和具体政策项目往往差异很大（Ditch，1999：115）。一般来说，可以从狭义

---

[*] 本章主要内容曾以论文的形式发表，载入本书时进行了修改，原文参见：刘祖云、刘敏，《香港的贫困及救助：从理论到现实的探讨》，2009，《中南民族大学学报》（人文社科版）第4期，被人大复印资料《社会工作》2009年第11期全文转载。

和广义两个方面去界定社会救助。狭义的社会救助一般仅指针对收入低于贫困线的最贫困群体的最低生活保障；广义的社会救助不仅包括针对最贫困群体的最低生活保障，还涵盖了针对特定群体（如老人、残障等）的收入补贴，以及针对一般贫困群体的在教育、医疗和住房等方面的专项服务。在一些国家和地区，社会救助的概念是狭义的，即指以家计调查为基础，通过资格条件审查将一定的现金或实物提供给收入在贫困线以下的个人或家庭（OECD，1998：3）。但是，在另一些国家和地区，社会救助的概念是广义的，它不仅包括给低于贫困线的最贫困群体提供最低生活保障，还包括给某些特定社会成员（如老人、残障人士）提供收入支持，以及给收入低于一定水平的有需要人士提供专项服务，如教育救助、医疗救助和住房救助等（Howell，2001：257）。

我国内地所讲的社会救助大多是狭义的社会救助，即指在公民因各种原因而难以维持最低生活水平时，由国家和社会按照法定的程序给予款、物救济和服务，以使其生活得到基本保障的制度。但在实际政策操作上，其意义要广泛得多，不仅包括最低生活保障，也包括紧急临时救助和教育、医疗、住房等专项救助。香港并不使用"社会救助"（social assistance）这个概念，与之相类似的概念是"公共援助"（public assistance），但公共援助已更名为"综合社会保障援助计划"（comprehensive social security assistance，简称"综援"）。"综援"制度主要是保障贫困群体的基本生活，它类似于内地的"最低生活保障制度"，扮演"最后安全网"的角色。如果从狭义的角度去理解，可以把综援制度看作香港的社会救助制度。

但是，"综援"并未包含香港特区政府提供的临时紧急救助以及在教育、医疗和住房等方面提供的专项救助，而这些恰恰是香港特区政府长期以来对包括贫困群体在内的有需要人士提供的重要社会服务。因此，"综援"并不包含香港社会救助的全部内容，如果简单地把"综援"和香港的社会救助制度画等号，显然会低估政府在社会救助方面的投入和支出，以及贫困群体享受的实际救助标准和水平。基于上述原因，这里从广义的角度去介绍香港的社会救助，它涵盖了类似最低生活保障的综援计划、面向特定群体（如高龄、严重残障人士以及自然灾害受害者）的公共福利金计划和意外赔偿计划，以及为收入或财产低于一定水平、具有特定需要的人士提供的教育、医疗和住房等方面的专项服务。

二 香港贫困救助的历史

要更好地理解香港的贫困救助，就要在历史脉络中分析香港社会政策的演变趋势及其变化特点。香港学者邓广良将英国管治时期香港的社会政策分为三个发展阶段（Tang，1998）：一是从1842年至1970年的"剩余时期"（Residual），政府对社会福利持消极态度，社会福利制度尚未建立；二是从1971年至1977年的"大爆炸时期"（Big Bang），政府迅速建立了以公共援助为主要内容的社会福利制度，社会开支快速增加；三是从1978年至1997年的"递增期"（Incremental），社会福利开支及保障水平伴随经济发展而缓慢增加，社会福利制度不断完善但改革步伐较慢。如果把时间范围扩大到从香港开埠到香港回归祖国后至今，大体上可以把香港贫困救助的发展历史分为五个基本阶段。

1. 20世纪60年代以前：贫困救助的萌芽期

1841年开埠到20世纪60年代初是香港社会救助的萌芽期。在这段时期，港英政府实行"消极不干预"的自由经济政策，信守殖民主义社会福利观，政府把贫困看作个人的问题，认为该由家庭来解决，所以对社会福利事业基本放任不管。那时的社会救助主要是一种民间自发的慈善救济行为，主要由华人社会的慈善团体（如东华三院、保民局等）、教会兴办的宗教团体、国际志愿组织来承办，政府承担的社会救助极为有限。尽管受形势所迫，政府在1948年成立了社会福利科（social welfare office，是社会福利署的前身），首次为极度贫困人士提供紧急援助，但是这个援助计划带有很强的排斥性，执行严格的资格条件限制，仅限于为贫病孤弱等赤贫者提供紧急实物援助（MacPherson, S.，1982），最初仅限于提供热饭，后分发干粮和食米，并不提供现金援助。所以，它只是一种"紧急援助计划"，属于最简单的保障形式。

总之，从开埠到20世纪60年代的100多年里，香港的社会救助以民间机构承办为主，主要是一项临时性济贫事业，政府并未建立一个现代意义上的社会救助制度。正如香港学者莫泰基所言："在1965年香港政府的社会保障白皮书出版之前，香港并没有一个明确的社会保障制度。当时，社会保障服务主要以紧急援助的形式出现，提供干粮及热饭。只有少数的志愿福利机构及国际援助组织，为赤贫者提供少量现金援助。"（莫泰基，1993：66）

2. 20世纪60~70年代：贫困救助的建立期

20世纪50年代，香港开始工业化进程，步入经济发展黄金期。但是，在经济快速发展的同时，贫富差距迅速扩大，贫困人口急剧增加，各种社会问题凸显。大规模移民潮的涌入导致人口急剧增加，其中包括大量贫困移民和难民。工业化改变了传统的家庭结构，传统大家庭的保障功能濒于瓦解（冯可立，2004：147），而新的社会保障制度又没有建立起来，许多老人、儿童、残疾和失业人士由于缺乏必要保障而陷入贫困和匮乏状态（Jones, C., 1990：173）。在这种背景下，社会救助的需求陡增，仅靠传统慈善团体和志愿机构的民间济贫已经无法满足实际需求了，社会各界要求建立统一的社会救助制度的呼声越来越高。

1953年香港发生石硖尾寮屋区大火后，港英政府开始改革房屋政策，兴建徙置大厦为灾民提供容身之所，大量建造公营房屋为贫困家庭提供住房保障。20世纪60年代初，港英政府逐渐加大贫困救助和基本民生建设力度，例如，增加学校，提供更多学位；兴建公共房屋，安置居无定所的贫民；改善公共卫生设施，提供安全清洁的饮用水。在新加坡建立中央公积金计划和台湾推出社会保险政策之后，港英政府于1965年发布第一个社会福利政策白皮书，这标志着香港社会福利逐渐进入制度化发展阶段。1966年，英国政府派伦敦大学教授、英国全国社会服务局委员会主席威廉斯女士（G. Williams）任港英政府社会福利顾问，就香港的社会福利发展提供意见。经过调研后，威廉斯教授发表了《香港社会保障服务提供及有关问题之可行性研究》报告，报告认为，香港传统的家庭保障功能正在瓦解，政府必须尽快建立一个现代社会保险和社会救助制度（Jones, C., 1990：173）。

1967年，港英政府一个跨部门工作小组发表《社会保障的若干问题报告书》，回应威廉斯教授的研究报告，建议政府推行"一个现代化和统一由政府拨款的公共援助计划"。1971年，港英政府公布了社会救助的标准，正式推出"公共援助计划"，通过税收再分配方法以现金救助贫困人口，取代过去政府提供的实物援助和志愿及慈善组织提供的临时及紧急救助。这标志着香港开始建立现代意义上的社会救助制度，从此政府从民间志愿机构手中接过了社会救助的责任。公共援助制度建立伊始，它仿效了英国公共援助计划的形式，吸取了英国贫困法（The Poor Law）的许多经验要素（Heppell, T. S., 1973: 225~238）。香港公共援助制度的一个显著特征是，它采取了剩余型社会福利模式，公共援助扮演"最后的安全网"的角色，只有在个人不能从家庭、市场和社会上获取充足支援的情况下才为贫困者提供最基本的生活保障，并且救助对象主要是针对那些"市场竞争的失败者"和"最不能自助者"——"主要是那些容易受到伤害的人——老人、残疾人士和穷人"（Hong Kong Government, 1977: 2）。香港贫困救助制度的"提供最后的救助"和"面向最不能自助者"这两个基本原则延续至今。

20世纪70年代是香港社会福利发展的"黄金时代"，也有人将这段时期称为香港社会政策的"大爆炸时期"（Big Bang）。对此，英国学者弗兰克·韦尔什形象地指出，"如果把20世纪60年代称作郭伯伟时代，即经济完全依靠市场力量的自由运作的时代，那么70年代就是麦理浩时代，公共开支迅速增加，中央计划有所加强的时代"（弗兰克·韦尔什，2009: 475）。仅1970年到1972年，政府总开支增幅就超过了50%，此后一直保持稳步增长的势头。麦理浩在1971年出任香港总督后对香港社会政策进行了大刀阔斧的改革，特别是在住房政策方面进行了大胆改革（强世功，2008: 72~73）。例如，1973年制定了"十年建屋计划"，要在1973年至1982年为180万人提供公共住房；1978年推行"居者有其屋计划"，要解决200多万人的住房问题；1979年推出"私人机构参建居屋计划"。

从20世纪70年代至90年代中叶，港英政府不断完善公共援助制度，不仅提高救助标准、增加救助项目，而且陆续发布多个绿皮书和白皮书，从政策上奠定了社会救助的基础。1971年公共援助计划刚刚推出时，其基本金额仅足以应付食物开支，并且只有老弱病残等退休的或者非健全人士才有资格向社会福利署提出救助申请，而且要接受严格的家庭经济状况调查。后来，政府不断改进援助计划，每年根据通货膨胀指数调整援助金额，提高公共援助标准，不仅增加了基本金额，还设立了特别补助金和多项特别津贴，以更好地满足受助人的基本需要和特别需要。1972年，政府修订了基本金额，使之包括其他必须家庭开支，如电费、衣服、家居用品、交通和耐用品等。1973年，政府发表《香港福利未来发展计划白皮书》以及《香港社会福利发展五年计划：1973~1978》，推出公共福利金计划和暴力及执法伤亡计划，前者为75岁以上的体弱老人以及残疾人士提供"体弱者和伤残人士津贴"，后者主要是为暴力罪行或执法行动中的受害人或死者遗属提供援助。

70年代中期，香港经济出现衰退，低收入阶层遭受失业和通货膨胀的双重打击，政府不得不放宽公共援助领取资格，允许15~55岁的失业人士领取公共援助，这是港英政府首次将没有工作的健全成人纳入社会安全网。1977年，政府发布《为最不能自助者提供援助——社会保障发展计划绿皮书》，设立长期补助金，进一步改善贫困人口的生活。1979年，发布《香港社会福利白皮书——进入80年代的社会福利》，推出交通意外伤亡援助计划，为交通意外的伤者或亡者遗属提供现金援助。这一时期，政府不断完善"社会安全网"，先后推出"长期个案补助金""入息豁免计划"，并将伤残老弱津贴更名为"特别需要津贴"。

3. 20世纪80~90年代中叶：贫困救助的修补期

总体来看，香港的贫困救助制度在20世纪70年代后期基本上已经确立起来，80年代仅限于小修小补，并未有大规模的革新（周永新，1988）。20世纪80年代港英政府主要致力于对已有的社会福利政策进行局部小幅调整，例如，在社会福利署成立上诉委员会，允许公共援助申请人提出上诉；改善劳工保障，要求雇主为雇员购买劳保；增加了高额高龄津贴和高额伤残津贴，特别照顾70岁或以上的老人以及严重残疾人士。虽然经过20世纪70年代"黄金时期"的快速发展，香港社会福利水平大幅提升，但是与发达国家和地区特别是西方福利国家相比，香港社会的福利保障水平还比较低。对此有人认为："香港的社会保障体系只能说是建立起防止绝对贫困和饥饿的安全网，服务对象也十分有限。"（弗兰克·韦尔什，2009：483）

从20世纪90年代开始，政府开始重新检讨和规划社会福利发展愿景。1991年，政府发布第四份《跨越九十年代香港社会福利白皮书》，对90年代香港社会福利的发展蓝图进行了规划，并再次确认香港社会福利的原则——"社会福利服务不应被视作专为经济及社会条件较差的人士而设的慈善服务。

其实，凡有需要的人，都应该获得福利服务。香港所面临的挑战，是在改善服务之余，不致使受助人产生依赖性"（《跨越九十年代香港社会福利白皮书》，1991：14）。1993年，香港将原来公共援助的基本金额和各种津贴合并在一起，将公共援助计划更名为"综合社会保障援助计划"（comprehensive social security assistance）。但是，由于救助标准偏低，社会援助计划遭到许多学者、社会福利机构和立法局议员的批评。为此，1993年，立法局福利事务委员会就援助金额是否足够进行检讨，并通过社会服务联会委托香港城市大学的麦法新教授（MacPherson）对综援标准进行评估。麦法新教授通过研究发现，社会救助的金额极度偏低，无法满足受助人的基本需要，对单亲家庭而言情况尤其严重，他还根据客观开支水平给出了新的救助标准，要求政府提高综援金额（MacPherson, S., 1994）。1995年，政府增加了单亲家庭的综援金额。1996年，进一步将单亲家庭和患病者的每月综援金额增加约60%，将失业者的每月综援金额增加33%。

4. 1997年回归祖国至2007年：贫困救助的改革期

1997年爆发亚洲金融危机，香港经济遭受重创，加上经济加速转型以及人口结构变化等多重因素的影响，香港的贫富悬殊和贫困问题严重。在这个过程中，香港原有的社会救助暴露了一些问题，亟须进一步完善，特区政府对原有的社会救助制度进行了一系列改革：在治标上继续"输血"以充实社会安全网，在治本上强化"造血"以协助贫弱者从受助到自强。整体来看，改革的基本路径如下。

（1）严格目标定位（targeting），强化个人责任

为控制救助费用增长规模，把有限资源分配给最有需要的人，特区政府加强了监管措施，严格目标定位（targeting）[①]，进一步强化个人责任，促使受助人更积极地发挥自助作用，新的政策措施包括如下几个方面。

①严格受益条件，提高救助门槛。为确保最有需要的人士得到救助，防止欺诈和滥用福利，特区政府严格了受益条件，提高了救助门槛。对那些有劳动

[①] 社会救助的目标定位一般指确定受益对象，即"将稀缺资源有效地分配给那些最需要的人（通常是那些被认为是最贫困的人）的过程"（尼尔·吉尔伯特，2004：155）。

能力的人，不仅对他们进行更为严格的收入审查和身份甄别，还增加额外的受益条件，如要求他们参加有关就业计划和社区工作，不服从者即取消其受益资格等。

②强化个人责任，增加工作要求。为防止失业、低收入者等适龄健全劳动者滥用、依赖福利，特区政府强化了个人责任，增加了工作要求。新的综援准则规定，15～59岁身体健全的申请人必须参加"自力更生支援"计划，具体内容包括必须每两星期最少申请两份工作并参与有关就业计划、出席特区政府安排的求职面试等，在积极寻找工作的同时，申请人还要每星期义务参与3～24小时的社区劳动（如清洁公园和街道、处理一般文书工作等）。

③建立激励机制，实施制裁措施。实行"软硬兼施"的政策，为积极寻找工作的受助人建立激励机制，而对那些不愿工作或者滥用福利的人实施制裁措施。比如，积极寻找工作的人除了可获得特区政府提供的各种就业和培训服务外，亦可享受"豁免计算入息"，即在评估他们应得综援金额时，豁免扣除金额中应扣的工作收入；但是，如果申请人不履行"自力更生计划"等规定的义务，则可能被取消福利资格。

(2) 推广"工作是最好的福利"理念，协助受助人"重返劳动力市场"

特区政府在1998年检讨综援计划时指出，"我们应该鼓励和协助有工作能力的就业年龄健全人士自力谋生；向他们发放综援金，只应是暂时性的援助，并非长期庇护"，"我们应致力改变那些不大积极寻找工作的失业受助人的态度，强调他们的'社会责任'，让他们认识到有需要自力更生，并使他们明白工作对个人、家庭和整个社会的好处"，"我们要传达'有工作总胜于没有工作'、'低工资总胜于没有工资'和'综援是个安全网，只是最后选择'的信息"。在"工作是最好的福利"这一理念的指引下，特区政府多管齐下，强化工作激励，通过完善就业服务、职业培训、入息豁免等方法鼓励受助人重返劳动力市场，从而实现"从受助到自强"。新的政策措施主要包括如下几个方面。

①进一步推广"自力更生支援计划"。社会福利署在1999年6月推出"自力更生支援计划"后，于2003年6月推出新的政策措施，提供积极就业援助服务，以协助失业的健全受助人寻找有薪工作。此外，社会福利署还委托非政府机构推行"深入就业援助"计划，协助受助人重返劳动力市场。据统计，

到 2005 年初,"自力更生支援计划"成功协助 45162 名失业人士重新就业。①

②扶持社会企业发展,为弱势社群创造就业机会。社会企业以商业的形式运作,追求社会目的,主要为弱势群体（如待业青年、中年妇女和长期失业人士等）提供就业机会。特区政府通过提供创业支持、营造有利营商环境、培训社会企业人员等途径扶持社会企业发展。2001 年,特区政府拨款 5000 万元,推出"创业展才能"计划,资助非政府机构创办及经营以雇用残疾人士为主的社会企业,让弱势群体在一个经悉心安排而且具有包容性的工作环境中真正就业。

③完善就业服务,推出专项就业计划。如设立就业中心,为申请人提供个性化的就业服务,协助他们了解最新的就业市场动态,并提供岗位信息以及再培训等方面的支援服务。特区政府还为不同目标群体量身定做,推出专项就业计划。如推出中年就业计划和工作试验计划,专门协助有特别困难的低技术、低学历的中年人就业；推出"创业展才能"计划,专门帮助积极寻求工作的残障人士就业；推出"欣晓计划",专门为最年幼子女在 12~14 岁的综援单亲家庭的家长提供援助。②

(3) 试行"以资产为本"的救助政策,帮助贫困者积累资产

资产社会政策 (asset-based social policy) 于 20 世纪 90 年代在美英等国家兴起,其核心是改变单纯强调收入援助的传统救助模式,转向一种新的具有社会投资倾向的积极救助模式。资产社会政策更加强调穷人的资产建设 (assets building),认为福利应当投资到促进人力资本、金融资产、就业、劳动技能等发展项目上（迈克尔·谢若登,2005:214~216）。这一类政策手段如建立教育、购房、投资和医疗等方面的个人发展账户,在越来越多的国家得到广泛应用,其中影响较大的案例有英国的儿童信托基金和美国的儿童投资及发展储蓄账户等。大量经验表明,资产建设不仅带来良好的经济效用,还创造了明显的社会和心理效应,如促进家庭稳定、创造未来倾向、增强个人效能、增加后代福利等（迈克尔·谢若登,2005:179~202）。

---

① 香港扶贫委员会资料文件第 2/2005 号,《政府扶贫政策及措施资料便览》。
② 香港中央政策组策略发展委员会社会发展及生活质素委员会文件第 CSD/SC/7/2006 号,《收入差距与社会流动》。

在西方发达国家经验的启发下,香港开始探索建立个人发展账户,推行资产社会政策。2006年11月10日,香港扶贫委员会主办以"强化家庭支援,促进儿童发展"为题的儿童发展论坛,会议邀请了包括美国华盛顿大学Michael Sherraden教授和英国布里斯托尔大学Elaine Kempson教授等在内的著名学者,与香港本地各界人士交流意见,共同为促进香港儿童发展、建立儿童发展基金把脉。2008年,特区政府正式成立儿童发展基金,为儿童设立长远的储蓄和投资账户,鼓励为儿童的未来提前投资,避免贫困的代际传递。基金通过建立个人账户、提供额外诱因(如等额储蓄配额、减免税收等)等方式,协助贫困儿童及家人积累资产,这些资产既包括金融、货币等有形资产,也包括人力资本、社会资本等无形资产。从长远看,儿童基金可以从多个方面促进个人的资产和能力建设,如培养储蓄习惯,树立积极的生活态度,改善物质资本、人力资本和社会资本,增加教育、购房或创业等发展机会。[①]

(4)加强政府、商界和非政府机构的"三方合作",共同协助贫困群体

"三方合作"是指"公营部门(政府)、私营机构(商界)和第三部门的代表携手协力,达致共同及共融的目标,为香港的共同利益作出贡献"(思汇研究所,2005:16)。由于面临与日俱增的贫困问题压力和社会救助需求,单独依靠政府力量难以满足贫困救助的需要,因此,政府越来越强调与商界和非政府机构的"三方合作",通过鼓励社会参与、推动公私营机构合作,共同协助广大贫困群体。特区政府《2001年施政报告》明确指出:"特区政府会坚持对福利服务所作的承担,同时鼓励市民发挥积极性,汇集个人、非牟利机构、商界等的智慧和力量,建立一套最有效的工作模式,用以解决各种社会问题。"(香港特别行政区政府,2001)官、商、民三方紧密合作,构建"社会伙伴关系",共同改善贫困问题。

2001年,特区政府动用3亿元财政拨款成立"社区投资共享基金",基金由传统社会服务模式改为现代社会投资模式,推动官、商、民的跨界别、跨部门合作,共同致力于协助弱势社群改善社区网络关系,帮助他们提升人力资本

---

① 参见香港扶贫委员会文件第20/2006号,《促进儿童发展——未来路向》;香港扶贫委员会儿童及青少年专责小组讨论文件第3/2006号,《促进儿童发展——儿童发展基金》。

和社会资本，使其更能有效守望相助，应付各种需要。① 截至 2005 年 12 月，"社区投资共享基金"有关项目参与合作的机构有 1000 个，包括专业团体、非政府机构、居民及妇女组织和政府部门，项目共创造 2000 个新职位和其他发展机会，让新来港人士、待业青年、中年失业人士、少数族裔、贫困老人以及无家可归者等弱势群体重新融入主流社会（香港特别行政区政府扶贫委员会，2006）。

从 2003 年 6 月起，通过政府、商界和非政府机构的"三方合作"，社会福利署推行了一项"深入就业援助计划"，协助有就业能力的综援受助人和失业的"准综援受助人"就业，由于成效显著，特区政府于 2006 年追加拨款 6000 万元，延长"深入就业援助计划"，协助失业综援人士重新就业。② 2005 年 3 月，特区政府投入 2 亿元成立"携手扶弱基金"，以推动政府、商界和社会福利界发展三方"社会伙伴关系"，希望通过"三方合作"建立社会资本，增强社会凝聚力，共同救助广大弱势群体。在 2006～2007 年度的《财政预算案》中，香港特区财政司预留 1.5 亿元作为基金，推出"伙伴倡自强"社区协作计划，其目的是强化与非政府机构的合作伙伴关系，共同协助弱势社群自力更生。

虽然在香港回归祖国后的十余年时间里，特区政府对包括贫困救助在内的社会政策进行了大面积的改革，并先后推出了一系列新的贫困救助及社会服务政策。但是也要看到，在这段历史时期，受亚洲金融危机影响而出现的经济衰退及增速放缓、历史遗留问题以及香港公共开支规模有限等多重因素的影响，香港贫困救助一度出现了紧缩的局面。对此，有香港学者将这段时期称为"财政危机下的紧缩改革"，认为特区政府在多方面削减了受助人的福利金额并通过设置更多门槛条件和资格要求而在某方面减小了福利受益面（欧阳达初、黄和平，2017：50～53）。例如，1999 年，特区政府将 3～4 人及以上的健全家庭的综援标准金额削减 10%～20%，并且取消了多项健全家庭的补助金及特别津贴；2003 年、2004 年削减了健全受助人的特别津贴和综援标准金，收紧针对来港定居不足 7 年人士的福利权利；2003 年宣布无限期中止"居者

---

① 香港特别行政区政府扶贫委员会资料文件第 2/2005 号，《政府扶贫政策及措施资料便览》。
② 香港特别行政区政府扶贫委员会讨论文件第 4/2006 号，《财政预算案提出的措施》。

有其屋计划",停建及停售"居屋",后又终止"租者置其屋"计划,这严重影响了对中低收入者的住房保障。

5. 2007年至今:贫困救助的完善期

经过连续多年的财政紧缩政策,香港在2006~2007年度摆脱了财政赤字,出现了财政盈余,自此香港社会福利开支开始渐进性和选择性增长,对此有香港学者将2007年至今香港社会保障发展阶段称为"选择性及条件性扩张"(欧阳达初、黄和平,2017:53)。笔者之所以将2007年至今称为"贫困救助的完善期",是因为特区政府从扩大福利开支和完善福利政策两个方面,逐渐加大了对社会福利和扶贫工作的支持力度,不断完善贫困救助的"最后安全网"。

首先,从广义社会福利开支看,2007年以来香港社会福利开支持续稳步增加。由表5-1可见,2007年以后香港社会福利开支增速明显加快,2007~2015年,香港广义社会福利开支从1366.52亿元增至2369.89亿元,增幅达到73.43%,年均增速超过9%,特别是在2008年、2012年出现了明显超过之前的阶段性峰值,其中2008年广义社会福利开支增至1683.52亿元,2012年广义社会福利开支达到2025.67亿元。

表5-1 2006~2015年香港广义社会福利支出

单位:亿元

年份	教育支出	医疗支出	住房支出	社会福利支出	合计支出
2006	519.34	321.27	146.71	335.40	1322.72
2007	538.25	336.23	143.36	348.68	1366.52
2008	749.95	367.06	174.03	392.48	1683.52
2009	582.40	383.87	162.58	404.18	1533.03
2010	607.19	398.90	169.38	405.19	1580.66
2011	678.91	452.97	189.18	433.46	1754.52
2012	766.00	595.72	205.01	458.94	2025.67
2013	763.92	676.02	212.68	553.52	2206.14
2014	737.24	575.08	243.49	580.91	2136.72
2015	791.22	607.74	320.92	650.01	2369.89

资料来源:香港特别行政区政府统计处,《香港统计年刊(2012年版)》,第247页;《香港统计年刊(2015年版)》,第247页;《香港统计年刊(2016年版)》,第248页。

其次，从社会福利政策看，2007年以后香港不断完善扶贫政策，加强对贫困人口和弱势群体的社会保护。2007年香港上调综援金额，此后综援金额再未出现大规模的削减，并且特区政府连续多年向综援、高龄津贴及伤残津贴的受益者多付一个月的标准金额及一般金额。2010年通过了香港首部《最低工资条例》，加强对劳工的权益保护。2011年推行"鼓励就业交通津贴计划"，将援助对象扩展至所有低收入者；成立关爱基金，为尚未被纳入社会安全网或已被纳入社会安全网但仍急需特殊照顾的经济困难人士提供社会救助。特区政府分别于2011年和2013年向关爱基金注资50亿元和150亿元，此外，基金在成立初期获得了商界捐助18亿元。从2011年起，先后推出鼓励就业交通津贴、长者生活津贴、低收入在职家庭津贴，扩大综援家庭津贴的覆盖范围。2012年启动公屋重建计划，2016年恢复"居者有其屋"计划，加强对中低收入者住房的保障。2013年首次制定官方贫困线，把家庭月收入低于社会中位数50%的所有家庭纳入扶贫政策范围。多次制定《强积金计划（修订）条例》，不断完善"强制性公积金计划"，使其更好地保障参保人员的权益。

伴随香港福利开支的不断增加，香港的福利需求与福利供给之间已经呈现一个结构性矛盾。一方面，经济转型、人口老龄化和家庭核心化等因素导致香港的社会福利需求持续扩大；另一方面，"低税制、低福利、高发展"的发展路线决定了香港福利供给的增长空间极为有限。因此，面对与日俱增的公民照顾需求，特区政府每年增加的福利支出似乎依然是捉襟见肘。在这种情况下，往往旧的问题没有解决，而新的问题又产生了，特区政府陷入"头痛医头、脚痛医脚"的困境。对此，有香港学者写道："……住屋、综援、高龄津贴等严重不足；单亲家庭缺乏住屋服务、缺乏工作机会；新移民在教育、就业、住屋等得不到照顾……贫富差距愈来愈大，不少群体如低收入家庭、妇女、新移民、年轻人、老人等被推到社会的边缘。"（陈锦华，2004c：382）

三　香港的贫困救助体系

如前所述，本书从广义的角度来介绍香港的社会救助，它不仅包括面向收入低于一定水平的最贫困群体的综援计划，还包括了面向高龄和严重残障人士等特定群体的公共福利金计划、面向意外事故受害者（包括自然灾害受害者）的三个意外赔偿计划，以及在教育、医疗和住房等方面为收入或财产低于一定水平、具有特定需要的人士提供的专项服务。

在香港，综援计划、公共福利金计划和三个意外赔偿计划统称为"社会保障"①，它们完全由政府承担，具有"官设、官管、官办"的特点，经费全部来源于政府财政拨款，具体由社会福利署主管。三者面向不同的救助对象，承担不同的救助功能，基本理念是"政府有责任向社会上亟需要照顾的人士，提供适当的经济或物质援助"（香港社会福利署，1998a），共同宗旨是"推行无须供款的社会保障制度，协助有经济困难的人士、严重残疾或体弱多病的人士，以及高龄人士，应付他们的基本需要和特别需要"（香港社会福利署，2007），具体目标包括：①为收入低于一定水平或者生活困难、有需要的人士提供现金援助，以应付基本及特别需要；②照顾残障和高龄人士经济上的特别需要；③为自然灾害或者其他紧急事件的受害人提供现金或物质援助；④为因暴力罪行或被执法人员在执行职务时导致受伤、伤残或死亡的无辜受害人提供赔偿；⑤为交通意外受害人提供现金援助。

除了综援、公共福利金和三个意外赔偿计划外，特区政府还在教育、医疗和住房等方面投入资源，编织可靠的社会安全网，为困难群体提供生活保障（香港特别行政区政府，2005：17）。正如特区政府在1998年的《香港社会福利发展五年计划》中所指，香港的社会福利理念是"社会有责任协助其成员克服个人和社会的问题，以及因应独特的社会和文化状况，尽其所能履行人生的责任。社会亦有责任帮助不幸的成员，使他们维持可接受的生活水平"（香港社会福利署，1998a）。在这种理念的指导下，香港的社会救助不仅保障受助人的基本生活，而且通过相关社会服务的"柔性调节"，致力于改善受助人的

---

① 香港的社会保障概念与内地的社会保障概念不一样。在内地，社会保障有广义和狭义两种理解：广义的社会保障近似于国外理解的社会福利，包括社会救助、社会保险、社会福利等各方面的内容；狭义的社会保障主要是指社会保险。在香港，社会保障属于社会福利体系的一个基础组成部分，它既不等于社会福利，也不等于社会保险，它主要包括综援、公共福利金以及三个意外赔偿计划，其目标是保障贫困群体和有需要的人士的基本生活，属于上文所说的广义社会救助的范畴。

生活质素，帮助他们维持可接受的生活水平。因此，贫困群体除了可以享受基本生活保障外，亦可获得特区政府在教育、医疗和住房等方面提供的专项服务（香港特别行政区政府，2000）。尽管这些社会服务的目标群体并不全是贫困群体，而是包括更广泛的低收入阶层以及有特定需要的更广泛的社会群体，但是，收入低于一定水平并且有相应需要的贫困家庭皆可享受这些社会服务。

综上所述，香港的贫困救助主要由综援计划、公共福利金计划、三个意外赔偿计划以及有关社会服务等构成，它们承担不同的救助功能，具有各自特定的救助目标、救助对象、救助资格和救助形式（见表5-2）。

表5-2 香港贫困救助的基本构成

救助计划	综援	公共福利金	三个意外赔偿计划	有关社会服务
救助目标	为收入低于一定水平或处在贫困线以下的公民提供现金救助	对高龄、残疾等特殊群体提供现金救助	对暴力、执法、交通意外伤亡者和自然灾害灾民提供紧急救助	为有需求的公民提供物质或服务方面的专项服务
救助对象	收入低于一定水平的所有公民	事先定义的特殊群体：老人、残疾人	事先定义的特殊群体：意外事故受害者、灾民	收入低于一定水平、有特殊需要的家庭
救助资格	入息审查	类型划分，部分需要入息审查	类型划分，无须入息审查	入息审查+需求划分
救助形式	现金为主	现金为主	现金为主	实物和服务

1. 综援计划

综援是香港社会救助的核心，它旨在为经济上有困难、无法维持正常生活的人士提供基本生活保障，属于"最后的安全网"。它无须供款，其救助资金主要来源于税收和政府拨款，其救助对象不分性别、年龄、残障或疾病，涵盖收入低于一定水平的贫困群体，如年老、永久伤残、健康欠佳、单亲、低收入、失业等。香港的综援类似于内地的低保（即最低生活保障制度），不同的是"综援"的名目很细，它不仅保障受助人的基本需要，也保障他们的特别需要，整体上"综援"标准比内地的"低保"标准要高很多。综援金额包括三个部分：标准金额、补助金和特别津贴。不同类别的受助人可获不同的标准金额，主要用于应付基本需要。补助金分为长期个案补助金、单亲补助金、社区生活补助金、交通补助金、院舍照顾补助金，它主要面向高龄、伤残人士、单亲家庭等综援受助人。特别津贴主要用于应付个人和家庭的特别需要，它名目很细，包括租金、学费、交通费、水费和膳食费等日常生活支出的方方面面。

除此之外，"综援"还包括两个特别计划。第一个是"自力更生支援计划"，旨在协助有劳动能力的受助人积极寻找工作，重返劳动力市场，实现自力更生，它主要包括两部分内容：①自力更生综合就业援助计划（香港社会福利署，2019a）。由社会福利署委托非政府机构营运，以家庭为基础，为健全综援申请人提供一站式的综合就业援助服务，协助他们克服就业障碍，增强其受雇能力，以便早日觅得有薪工作。根据要求，失业综援申请人须寻找每月工作时数不少于120小时及收入不低于社署所定标准的有薪工作。最年幼子女年龄介于12岁至14岁的综援单亲家长和儿童照顾者须寻找每月工作时数不少于32小时的有薪工作。②豁免计算入息，主要是在评估受助人应得的综援金额时，豁免扣除金额中应扣的工作收入，旨在鼓励受助人积极就业和继续工作。第二个是"综援长者广东及福建省养老计划"，目的是为符合申请资格，并且选择到广东或福建省养老的老年综援受助人继续提供现金援助。符合资格的申请人可获每月发放一次的综援标准金额和每年发放一次的长期个案补助金，不过，不能享受特别津贴和其他援助金（例如租金津贴、特别膳食津贴、交通费用津贴）（香港社会福利署，2019b）。

从救助开支看，表5-3是香港综援支出的有关数字，可以看到，1997年后香港综援支出大幅度增加，从1997~1998年度的94.41亿元增至2004~2005年度的176.31亿元，占政府经常开支的比重相应从6.3%上升到9.0%。在很长一段历史时期内，综援开支占社会保障开支总额的比重基本上在70%左右，2004~2005年度，这个比重达到76.5%。

表5-3 1997~2005年综援支出的有关数字

单位：亿元，%

年度	综援开支	占社会保障开支的比重	占政府经常开支的比重
1997~1998	94.41	67.4	6.3
1998~1999	130.29	72.6	7.9
1999~2000	136.23	73.0	7.8

续表

年度	综援开支	占社会保障开支的比重	占政府经常开支的比重
2000~2001	135.60	72.0	7.3
2001~2002	144.05	72.9	7.4
2002~2003	161.31	74.8	8.1
2003~2004	173.06	76.3	8.8
2004~2005	176.31	76.5	9.0

除了个别年份出现短暂回落之外，近年来香港综援开支整体保持增长态势，从2011~2012年度的195.48亿元增至2017~2018年度的217.00亿元（见图5-1）。需要注意的是，虽然综援开支绝对数不断增加，但由于香港社会老龄化加速以及由此导致的公共福利金开支水涨船高，综援开支占社会保障支出的比重却出现不断下降的趋势。2011~2012年度综援开支占社会保障支出的比重为66.34%，2017~2018年度这一比重降为47.62%，[①] 比2011~2012年度减少了近20个百分点，比2004~2005年度减少了近30个百分点。

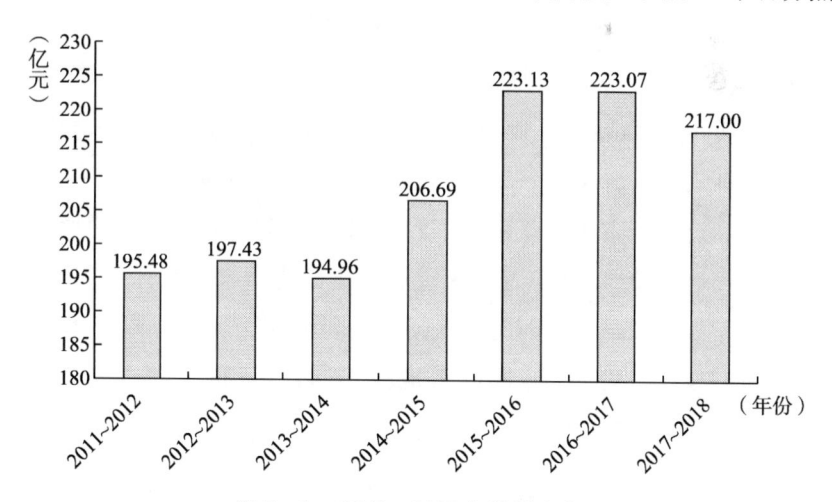

图5-1　2011~2018年综援支出

资料来源：香港特别行政区政府统计处，《香港统计年鉴（2017年版）》，第401页；《香港统计年鉴（2018年版）》，第397页。

[①] 香港特别行政区政府统计处，《香港统计年鉴（2017年版）》，第401页；《香港统计年鉴（2018年版）》，第397页。

2. 公共福利金计划

公共福利金计划主要是面向严重残疾或年龄在 65 岁及以上的香港居民，每月提供现金津贴，以应付他们因严重残疾或年老而引致的基本和特殊需要，和综援计划一样，它无须供款。公共福利金计划所发放的津贴包括如下几类：①普通伤残津贴，受助人需经证明为严重残疾且其严重残疾情况持续不少于 6 个月；②高额伤残津贴，受助人除要符合普通伤残津贴的资格外，还须经由卫生署署长或医院管理局行政总裁（或在极为特殊情况下由私立医院的注册医生）证实在日常生活中需要他人不断照顾，且没有在指定的公立医院及机构接受住院照顾；③高龄津贴，该津贴不受收入和资产限制，无须收入审查，统一发给全港 70 岁及以上的老人；④普通长者生活津贴，发给收入和资产没有超出规定限额的 65～69 岁老人；⑤高额长者生活津贴，发给收入和资产没有超出规定限额的 65～69 岁老人，比普通长者生活津贴对申请人收入和资产的要求更加严格。按照 2018 年 2 月 1 日生效的标准，普通伤残津贴、高额伤残津贴、高龄津贴、普通长者生活津贴、高额长者生活津贴的发放标准分别为 1720 元/月、3440 元/月、1345 元/月、2600 元/月、3485 元/月。

2004～2005 年，公共福利金计划全年总开支在 52 亿元左右，2000 年度为 51.3 亿元，2004 年度为 52.45 亿元（香港社会福利署，2005）。2005 年度，公共福利金开支稍有增加，为 53.39 亿元，约占社会保障支出的 23%。相比当时综援开支和综援个案的大幅度增长，公共福利金开支和个案的增幅比较平稳，一直处于稳步增加状态。近年来受社会老龄化加速的影响，香港领取公共福利金的老年人越来越多，由此导致公共福利金开支水涨船高。由图 5-2 可见，公共福利金支出从 2011～2012 年度的 97.44 亿元增至 2017～2018 年度的 236.32 亿元，2017～2018 年度，香港公共福利金支出达到 236.32 亿元，综援开支为 217.00 亿元，这是香港历史上首次出现公共福利金开支超出综援开支的情况。

3. 三个意外赔偿计划

三个意外赔偿计划分别是：①暴力及执法伤亡赔偿计划，主要是为暴力罪行和执法行动中的受害人或死者遗属提供现金援助，无须经济审查；②交通意外伤亡援助计划，主要是为交通意外的伤者或亡者遗属提供现金援助，无须经济

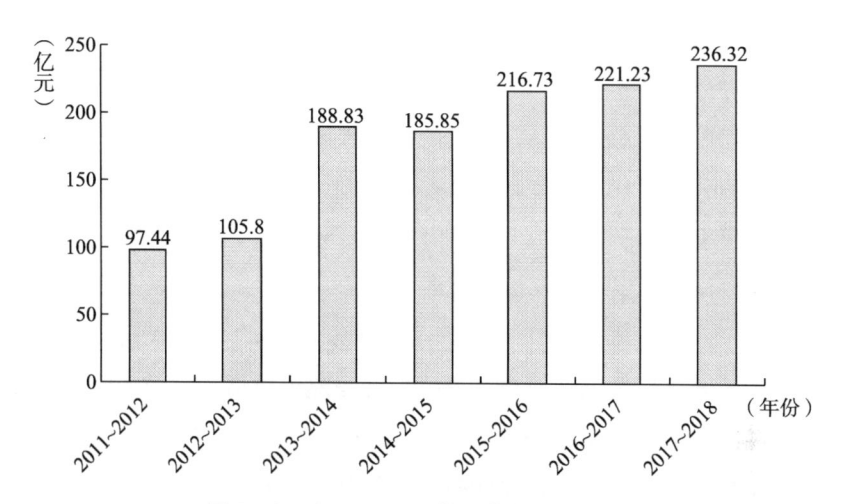

图 5-2　2011~2018 年公共福利金支出

资料来源：香港特别行政区政府统计处，《香港统计年鉴（2017 年版）》，第 401 页；《香港统计年鉴（2018 年版）》，第 397 页。

审查；③紧急救济，主要是天灾人祸时给灾民的紧急救济，具有灾害救济的性质，如供应热饭和其他生活必需品、根据情况发放救济金。

4. 有关社会服务

有关社会服务主要包括扶贫、公屋、公共医疗和公共教育等方面的社会服务，它主要面向收入或财产低于一定水平的有需要的人士。例如，成立于 2011 年的关爱基金属于典型的扶贫计划，其主要是为经济上有困难的市民提供援助，特别是为那些未被纳入社会安全网的人或者虽已被纳入安全网但仍有特殊需要未得到照顾的人提供支持。关爱基金是一项综合性的支援计划，支援范围涵盖医疗、住房、教育、就业等日常生活的方方面面。截至 2016 年 10 月，关爱基金在医疗、教育、住房、福利、民政等领域开展了 36 个援助项目，总支出 72 亿元，受益人数超过 141 万人次，惠及儿童、老人、残疾人、病患、新来港人士和少数族裔等各类弱势群体（香港扶贫委员会，2016）。此外，香港还有一些针对贫困者和低收入家庭的特殊津贴，如鼓励就业交通津贴、在职家庭津贴等，旨在更好地满足符合条件的低收入者的特殊或个性化需要。其中，鼓励就业交通津贴主要是为了协助减轻低收入在职人士往返工作地点的交通费负担，从而鼓励他们工作或持续就业。在职家庭津贴是为符合工时、收入及资产等要求的在职低收入家庭提供一定的经济援助，从而鼓励在职低收入者自力更生，减轻家庭负担，并能更好地照顾儿童，以防止跨代贫困。

除了扶贫计划外，公屋、公共医疗和公共教育都是有关社会服务的重要组成部分。由于香港的房价很高，一般的低收入阶层无法承受，所以他们大多选择政府提供的公屋居住。公屋政策是香港特区政府给广大低收入阶层和贫困群体提供的一项重要社会福利。香港学者周永新认为："公屋政策是香港政府最重要的社会政策。从财政支出的角度看，政府对公屋支出虽及不上教育，但以影响的人数而言，公屋却凌驾于其他社会服务之上。"（周永新，1994：22）。公共医疗是政府通过医院管理局辖下的公立医院为包括贫困和低收入者在内的香港市民提供价格低廉的医疗服务。与私立医院相比，公立医院的收费相当低，主要是象征性收费。符合条件的经济困难人士看病时还能减收或豁免个人支付的部分费用。除公屋和公共医疗之外，特区政府不仅给予贫困家庭必要的各种教育补贴，如学杂费、课本费等，还在学生辅导、学生资助、课外活动、学生培训和再培训等方面提供支持，协助需要支援的贫困学生和青年。

四 香港贫困救助的特点

香港公共援助制度建立伊始，汲取了英国公共援助制度和英国贫困法（The Poor Law）的经验（Heppell, T. S., 1973：225－238），集中救助"那些容易受到伤害的人——老人、残疾人士和穷人"等所谓"最不能自助者"，这一基本原则延续至今（Hong Kong Government, 1977：2）。从这点看，香港的社会救助体现了西方剩余型福利（residual welfare，又译作补救型福利）的特点，这表现为保障水平较低、保障范围较窄，强调个人、市场和第三部门的作用，政府扮演最后帮助者的角色，福利主要面向"市场竞争的失败者"和"最不能自助者"，以保障其基本需要为目的（C. 威廉姆、H. 怀特科等，2003：30）。此外，受中国传统文化的影响，香港的社会救助又表现出东方儒家文化的特色，如重视社会关怀，鼓励好善乐施，强调个人独立、社会互助、不依赖政府以及家庭责任（周永新，1998：3～7），对此，有学者称其为"儒家福利型体制"（Jones, 1993：204－213）。香港社会救助的基本特点主要表现在以下五个方面。

1. 救助目标：协助受助人"从受助到自强"

传统社会救助单纯地把最低生活保障作为目标，强调社会救助的"输血"功能，忽视了它的"造血"功能，救助标准较低，救助项目单一，缺少配套社会服务，结果既不能帮助贫困者实现生存权，满足他们的基本需要，更谈不上帮助他们摆脱贫困，实现发展权，反而有可能造成他们陷入"低收入—低消费—低收入—低消费"的恶性循环，形成一个代际传递的持续性贫困群体。

香港的社会救助在一定程度上克服了这个缺陷，它在重视保障基本生活的基础上，配合其他有关社会服务，协助受助人"从受助到自强"。作为一个全面安全网，综援不仅从经济上实现"最低保障"，还通过"自力更生支援计划"及有关教育、培训和就业服务为受助人"造血"，协助他们改善人力资本和社会资本，实现从受助到自强。通过"积极就业援助计划"，社会福利署与劳工处、雇员再培训局开展合作，互相配合，帮助受助人制订符合个人实际情况的就业计划，并提供广泛的就业辅导、职位空缺信息和职业培训。豁免计算入息旨在鼓励受助人积极工作，避免养成依赖社会救助的习惯。据统计，从1999年推出"自力更生支援计划"到2005年初，特区政府成功协助45162名失业人士重新就业（香港社会福利署，1998b）。一项关于参与"自力更生援助计划"的失业综援个案的跟踪研究表明，找到工作的计划参与者比例是计划没有实施以前找到工作的综援申请人比例的5倍，参与者不仅有更强的再就业动力，而且显示了对活动安排较高的满意度和服务社区的社会责任（Health and Wefare Bureau, Hong Kong, 2001）。2013年，时任特区政府劳工及福利局局长张建宗曾肯定自力更生支援计划所取得的成效，他表示，2008年至2013年通过该计划而成功就业的人，占到参与该计划者总人数的19%~27%（《文汇报》，2013）。

2. 救助对象：实施目标定位和分类救助

传统社会救助在一些项目上采取"一刀切"的方式，对不同类型的受助人执行一样的资格审查条件，实行同等的救助标准和水平，明显忽视了贫困人口的不同特点和需要，这既不利于照顾老弱病残等特殊困难群体的特殊需要，也不利于调动一些人重新工作的积极性。

香港的社会救助在一定程度上解决了上述问题，其目标定位和分类救助特色非常明显。它特别强调以人为本，结合受助人的特点和需要提供"福利友好型"（welfare-friendly）服务，在救助内容、救助标准和救助水平等方面既体现统一特点又保有合理差异，避免了"一刀切"的做法。综援、公共福利金、三个意外赔偿计划以及有关社会服务等不同救助计划分别针对不同的目标群体，根据他们的特点和需要提供针对性救助，具有各自特定的救助目标、救助资格和救助形式。以综援为例，它强调个性化救助，既保障基本需要，也保障特殊需要，其中，标准金额主要用于满足基本需要，补助金和特别津贴主要用于满足特别需要。不仅如此，高龄、伤残、单亲、健全成人等不同综援个案接受救助的资产限制不一样，享受的救助标准、水平也不一样。一般而言，单身人士比非单身人士的救助金额高，老人、儿童和残障人士比健全成年人的救助金额高，以体现"特别照顾最不能自助者"的原则。

3. 救助主体：发挥个人自助、社会互助和政府救助的协同作用

受中国传统文化的影响，香港社会普遍存在个人自助、家庭互助和社会互济的精神，反映到社会救助方面就是强调自助与他助的统一，发挥个人自助、社会互助和政府救助的协同作用。正如特区政府前行政长官董建华所说："在社会发展方面，政府有四个同等重要的责任。一是提供达至一个人人都能够参与公平竞争的社会环境，特别着重青少年的教育和健康成长、在职人士的知识和技术更新；二是对老弱伤残人士提供一个资源充分的、物质和精神生活兼顾的基本安全网；三是对失业、低收入和其他弱势社群提供支援，并注意增强而不是削弱他们自力更生的意志；四是鼓励一切有条件的个人和群体发扬服务和仁爱精神，积极投入各种性质的志愿工作，共创和谐及充满活力的公民社会。"（香港特别行政区政府，2000：4）

香港的社会救助历来强调区分"值得帮助的贫困者"（deserving poor）和"不值得帮助的贫困者"（undeserving poor），认为那些"值得帮助的贫困者"最需救助。对于那些无劳动能力和无生活来源的老人病残者，应发挥社会互助和政府救助的作用，保障其基本生活所需。但是，对于那些有劳动能力、有可能恢复"自助"的人（如失业、低收入者等），则不仅限于提供一点救济金，而是在保障其基本生活的基础上，尽可能协助他们恢复"自助"。综援准则明确指出，综援的目标不仅是要为经济上无法自给的人士提供安全网，而且还要

扮演未来跳板的角色，为他们提供自力更生的机会。对于失业综援申请人，必须积极寻找工作，或者参加政府安排的有关就业服务，没有恰当理由而不遵守有关规定的人将会被取消领取综援的资格（Social Welfare Department, Hong Kong, 1998）。特区政府一再强调，社会救助不是要削弱受助人的独立精神，而是要通过社会互助和政府救助，协助他们开发潜能，最终实现个人自助。

实际上，20世纪90年代后香港社会救助改革的基本方向是重新界定政府和社会、集体和个人的责任关系，同时融合公平与效率两个目标。既强调政府和社会的责任，又注意发挥个人和家庭的积极性，从而实现个人自助、社会互助和政府救助统一；既保护贫弱者的社会权利，满足其照顾需要，也改善他们的技能和资本，提高其参与经济、融入社会的能力。这些改革借鉴了西方发达国家的经验，特别是汲取了20世纪90年代后兴起的"发展型社会政策""资产社会政策""社会投资模式"等福利理念（J. Midgley, 1999: 3 - 21；安东尼·哈尔、詹姆斯·梅志里，2006）。

4. 救助标准：随着经济发展水平的提高而逐渐提高救助水平

不同于西方福利国家，香港走的是一条低税制、低福利、高发展的路线，特区政府希望在经济发展和社会福利之间保持平衡。为防止过高的福利水平影响经济发展和香港竞争力，香港特区政府一直严格控制公共开支水平，使其与经济发展水平保持一致。这体现在指导公共开支水平的两个重要原则：一是1976年规定的公共开支规模不能超过本地生产总值的20%，二是1987年规定的公共开支的增长不超过本地生产总值的增长速度（保罗·惠廷、侯雅文等，2001a: 8 ~ 9）。虽然这两个原则并非每一年都得到严格执行，却是香港公共开支方面的重要指引（Tang, S. H., 1995: 172 - 173），其结果就是特区政府在公共开支方面量入为出，根据经济发展水平渐进性地提高社会福利水平。在社会救助方面，特区政府每年根据经济形势和通货指数、物价指数的变化情况，相应地调整救助金额，希望救助标准恰到好处，既能保证受助人维持可接受的生活水平，又不至于降低其工作动机、助长福利依赖。

5. 救助内容：构建多元化的支持结构

香港的社会福利理念是"社会有责任协助其成员克服个人和社会的问题，以及因应独特的社会和文化状况，尽其所能履行人生的责任。社会亦有责任帮助不幸的成员，使他们维持可接受的生活水平"（香港社会福利署，1998a）。在这种理念的指导下，香港的社会救助致力于构建多元化的支持结构，不仅保障受助人的基本生活，而且通过配套服务改善受助人的生活质素，帮助他们维持一定的生活水平。除了综援和公共福利金计划外，特区政府还提供了廉价的公屋、象征式收费的公共医疗和各种各样的教育补贴。因此，广大贫困群体不仅可获得基本经济保障，亦可享受包括公屋、教育补贴和医疗等在内的广泛的社会服务，有需要的人士还可在工作、就业和培训等方面获得必要的支持。总之，特区政府构建多元化的支持结构，满足受助者多方面的生活需求，在基本生活、教育、医疗和住房等方面为广大贫困群体提供了一张"多重安全网"。

五　对贫困救助的启示

尽管香港的贫困问题并未解决，贫富差距不断扩大，但是，香港立足本地经济、政治和文化实际，建立了一套比较完善的贫困救助体制，为广大贫困群体构建了一张可靠的"社会安全网"，从而为经济持续发展和社会长期稳定创造了一个良好的制度环境。香港在贫困救助方面的经验对于内地贫困救助工作具有重要启示意义。

1. 兼顾公平与效率，建立公正合理的收入分配结构

香港的经验表明，经济发展并不一定带来贫困问题的缓解，要有效治理贫困，必须公平与效率兼顾，建立公正合理的收入分配结构。如果忽视收入分配状况的改善，重效率而轻公平，经济发展不仅不能从根本上缓解贫困，反而有可能催生不平等的经济、政治和社会结构，从而加剧贫困问题。

改革开放以来，内地在经济高速发展过程中，贫富差距日益扩大，从一个平均主义的社会变为一个贫富差距明显的社会。当前，社会结构急剧变动、社会利益急剧分化，如果任由贫富差距进一步扩大，势必严重影响经济发展和社会稳定。这就要求，必须真正落实公平与效率兼顾的原则，不仅要从数量上做大"经济蛋糕"，也要从质量上合理分配"经济蛋糕"，通过调节收入再分配建立更加公正合理的收入分配格局，让民众更好地共同分享经济社会发展成果。从国际经验来看，建立公正合理的收入分配结构有两点至关重要（刘敏，

2015：196~198）：一是织好底线保障的"最后的安全网"，优先保障"老、弱、病、残、幼、贫、困"等弱势群体的基本民生需求，使他们可以维持最基本的生活水平，保证每一个社会成员"有尊严地生存下去"；二是建立以机会均等为核心的社会公平机制，营造公平正义的社会政策和机会均等的制度环境，保障广大民众在基本生活、社会保障、教育、医疗、住房、就业和文化体育等方面享有平等的权利和机会，让每一位有才华又努力奋斗的人有出彩的机会。

2. 夯实"最后的安全网"，完善综合性全民社会救助制度

作为一张全面的"安全网"，香港的社会救助为香港的经济发展和社会稳定创造了良好的条件。长期以来，香港在贫富差距扩大、贫困问题恶化的情况下能保持经济持续发展和社会长期稳定，其中一个重要原因就是建立了完善的社会救助体制。因此，完善社会救助体制，夯实"最后的安全网"，对于缩小贫富差距、促进社会公正具有重要意义。

虽然内地已经建立了以低保制度为基础，以教育、医疗和住房等专项救助为补充的社会救助体制，但是，它还存在救助标准低、保障水平不高、城乡不平等诸多不足。其中一个很大的问题是，社会救助制度存在制度碎片化、标准不一、多头管理、衔接不畅、分割运行等问题，直接影响了社会救助的精确度和瞄准率。此外，社会救助标准普遍偏低，仅能维持救助对象最基本生存所需。相当一部分贫困人口在基本生活、医疗、住房和子女教育等方面未得到足够保障。凡此种种说明，应继续完善与市场经济体制相适应的社会救助体制，提高社会救助一体化水平，将碎片化、分割化的社会救助项目整合成一套综合性的全民社会救助制度。正如世界银行所说，这种基本安全网"一般是针对三个群体：有工作的穷人、被视为无工作能力或不情愿工作的人以及特殊的弱势群体。如果社会安全网的设计切合每个国家的具体现实，可以将这三类群体中针对个人的干预合并在一起，建立一个有效的普遍公共保险体系。在这样一个体系中，每个受到负面冲击以及生活水平跌落到预定标准以下的家庭都有资格从国家获得某种形式的资助"（世界银行，2006）。

3. 坚持弱者优先，不断提高社会救助水平

按照香港的经济水平，特区政府完全有能力建立一个广覆盖、高标准的社

会福利体系，社会各界亦不乏人士主张大力发展社会福利，向西方福利国家的福利制度学习。但是，香港特区政府却从其实际情况出发，坚持重点发展社会救助，维持一个低水平、低覆盖的保障体制。这是因为，"低税制、低福利、高发展"是香港经济发展的基本特色，要保持香港作为世界自由港、贸易中心、金融中心的地位，就必须实行低税制、低成本的方针，维持较低水平的公共开支和福利水平。这说明，建立和完善社会救助体制，须从本地区的经济、政治和社会实际出发，不可盲目照搬西方模式。

一方面，我国尚属发展中国家，地区之间、城乡之间发展很不平衡，因而发展社会福利需量入为出、量力而行；另一方面，我国已进入中等收入社会，改善民生福利已具备了较好的经济基础，因而发展社会福利也不可人为限制、压低标准。因此，我们要立足国情社情，坚持弱者优先，适应经济社会发展需要不断提高社会救助水平。首先，逐步提高最低生活保障、医疗救助、残疾人保障等底线民生保障水平，扩大临时救助、专项救助保障范围，完善城乡一体化全民低保制度。其次，发展"友好型福利模式"，像香港综援一样根据受助对象的类型以及不同需求提供针对性福利，避免"一刀切"。最后，建立社会福利与物价指数、经济增长相关的联动机制，根据经济发展水平逐渐提高福利保障水平，特别是要提升教育、医疗和住房等专项救助水平，增加一些配套性、发展性的服务项目，不断完善与市场经济相适应、具有中国特色的新型社会救助体制。

4. 突出资产与能力建设，创新发展型社会救助模式

与香港相比，内地的社会救助还基本处于单纯强调收入援助的消极救助阶段，这表现在强调最低生活保障、救助标准偏低、救助项目单一、缺乏发展性的社会服务、政策理念和实际操作相对落后等方面。美国学者迈克尔·谢若登指出，这种社会救助模式的一大缺点是效率比较低、缺乏可持续性，它既难以有效满足贫困者的基本需要，实现其生存权，更谈不上帮助他们摆脱贫困，实现其发展权，反而有可能使他们陷入"低收入—低消费—低收入—低消费"的恶性循环（迈克尔·谢若登，2005：214~216）。造成这种状况有客观原因，如内地经济水平还不高、贫困人口众多、公共财政有限等，但与内地社会救助制度不完善也有很大关系。

可以预见，随着经济社会发展水平的进一步提高，改变单纯强调收入援助的传统救助模式，转向一种新的发展型救助模式是必然之路。发展型社会救助的一个最大特点是更加强调穷人的资产和能力建设，认为社会福利应当投资到促进人力资本、社会资本、就业、劳动技能等服务项目上，提高穷人参与经济、融入社会的能力（安东尼·哈尔、詹姆斯·梅志里，2006）。这种模式的一大优势是不仅强调社会救助的"输血"功能，亦强调它的"造血"功能，致力于在最低保障的基础上通过配套的发展性服务项目，如提供就业支援、提高就业能力、创造就业机会、支持创业、强化社会网络等，从根本上提高贫困人口参与经济、融入社会的能力。发展型救助不是要弱化收入援助或最低保障，而是要在此基础上更加强调穷人的资产和能力建设，通过强化其自助意识、提升其自助能力，从而从根本上"激活"（activating）他们。

第六章
香港适度普惠型社会福利制度[*]

20世纪60年代以来,香港立足本地经济和社会人文实际,广泛借鉴全球经验,成功地在西方福利国家模式之外构建了一套特色鲜明、高度制度化、在亚洲独树一帜的社会福利制度。香港福利制度被视为东亚福利体制的代表之一,香港因具有较高的福利水平而被视为东亚福利社会的典范(王卓祺,2011:4)。本章在评述社会福利模式有关理论的基础上,提出"适度普惠论",认为香港福利制度已超越了最初剩余福利模式的设计,成为一种不同于西方福利国家、具有香港特色的适度普惠型社会福利模式,并从福利目标、福利对象、福利主体、福利水平和福利内容等方面分析香港适度普惠型福利制度构成及特色,探讨香港福利经验及其对内地的启示。

一 社会福利的理想类型

在探讨香港社会福利模式之前,有必要先简要评述社会福利类型划分的有关理论以及普惠型社会福利制度的概念。美国学者威伦斯基(Wilensky)和勒博(Lebeaux)提出了"剩余型社会福利"和"制度型社会福利"的概念(Wilensky, H. L. & C. N. Lebeaux, 1965)。剩余型福利(residual welfare,又被译为"补缺型福利""残缺型福利"等)是指"只有当家庭或市场运作失灵时,国家才承担起责任来的"的福利制度;制度型福利(institutional welfare)

---

[*] 本章主要内容曾以论文的形式发表,载入本书时进行了修改,原文参见刘敏,2014,《适度普惠理论视角下香港社会福利制度的经验与启示》,《澳门理工学报》第3期,被人大复印资料《台、港、澳研究》2014年第6期全文转载。

致力于满足全体公民的福利需求,"具有普救主义的性质"(R. 米什拉,2007:51)。社会福利类型的另一种划分是"选择型福利"和"普惠型福利"(selective versus universal benefits)(Titmuss, R. M., 1968),又被称为"选择型和普惠型"(Mike Reddin, 1969)。二者的区别在于福利对象是面向部分群体还是全体公民、福利资格是基于家计审查还是公民身份。英国著名学者理查德·蒂特马斯(Richard Titmuss)区分了"剩余型"(the residual welfare model)、"工业成就型"(the industrial achievement-performance model)、"制度再分配型"(institutional redistributive model)三种福利模式(Titmuss, R. M., 1974),其中,剩余型福利是指国家扮演"最后帮助者"的角色,只有家庭和市场在福利供给中无法发挥正常作用时才介入;"工业成就型"福利供给不仅关注公民权利,还要体现"生产力情况"以及"个人的工作表现",发挥福利在满足社会价值需要、实现地位差异和发展生产力方面的作用;"制度再分配型"福利致力于在市场机制之外按照需要的原则,提供普遍主义福利服务,旨在增进社会平等和社会团结(理查德·蒂特马斯,2011:14~16)。

对于普惠型福利国家(The Universal Welfare State),有学者称之为"普惠型制度化福利国家"(Universal and Institutional Welfare State)(Rothstein, B., 1998),有的称之为"制度化全面型福利国家"(Institutional and Comprehensive Welfare State)(Sainsbury D., 1991:1-30),还有的称之为"社会民主型制度化福利国家"(Social Democratic and Institutional Welfare States)(Stephens, J. D., 1996:32-65)、"社会民主型福利国家"(The Social-Democratic Welfare State)(哥斯塔·埃斯平-安德森,2010)。虽然上述概念称谓不一但实际所指相近,主要是指福利供给覆盖全体公民、福利水平高度普惠的全民福利国家。普惠型社会福利的基本原则是福利普惠主义(Universalism),即福利对象针对所有公民,向全社会或某一阶层的所有成员提供无差异的福利服务,而不仅仅是针对低收入人口(丰华琴,2010:315)。普惠型社会福利制度建基于社会公民权理论,即享受社会福利服务是现代公民应有的社会权利,具有特定公民身份的社会成员都应当享受相应的社会福利服务(T. H. Marshall, 1950)。全民普惠型福利制度的典范是以瑞典、丹麦、挪威和芬兰为代表的"社会民主型福利模式"(又被称为"斯堪的纳维亚福利模式"或"北欧福利模式"），这些福利国家将普惠主义原则和去商品化的社会权扩展到所有的社会阶层，福利水平具有高度的去商品化、普惠化特征（哥斯塔·埃斯平-安德森，2010：38~39），"……以强调普遍的平等为特征——没有人享有特权，也没有人应当被排斥在外——它要确保所有人获得充足的资源……确保所有家庭在渴求得到所需资源时，社会上每个他人都能以共同援助的方式发挥作用"（戈斯塔·埃斯平-安德森，2010：42）。北欧福利国家的社会政策建基于普惠主义理念，努力实现"在经济和社会生活领域的广泛的公众参与，其目的是提高经济效益，增强社会解决自身问题的能力，提高个人和家庭的平等的生活水准"（斯坦因·库勒，2007）。对此，英国学者莱恩·多亚尔和伊恩·高夫认为，瑞典与其他北欧福利国家是全球福利水平最高的地区之一，也是全球最接近于"最优需要满足"的地区，"为当今世界提供了一条最佳的评估客观福利的准绳"（莱恩·多亚尔、伊恩·高夫，2008：363）。

"剩余型福利"兴起并盛行于西方资本主义国家早期发展阶段（如19世纪末和20世纪早期的欧洲）（安东尼·哈尔、詹姆斯·梅志里，2006：6）。随着经济和社会发展水平的不断提高，特别是伴随第二次世界大战以后福利国家的兴起，许多发达国家逐渐摒弃了原有的剩余型社会福利制度，向更高水平的制度型福利国家和普惠型福利国家迈进。社会福利制度从剩余型向普惠型的转型，在很大程度上是经济发展、政治民主化与社会进步的必然结果。总之，普惠型福利与剩余型福利是两种风格相异的福利模式，从福利覆盖面和保障水平来看，普惠型社会福利是一种比剩余型福利发展水平更高的社会福利模式，前者是高水平、满足全体公民需要以及无特定审查资格的福利类型，后者是低水平、满足特定人群需要以及强调家计调查的福利类型。无须多说，无论是"剩余型福利"还是"普惠型福利"都是社会福利研究中的一种理想类型（ideal types），很少有国家完全属于某种福利类型，更多的是混合福利模式，或者是以某种福利类型为主导的福利体制，单一、纯粹的某种福利类型在现实世界中难寻其迹。

二 香港社会福利模式的理论争辩

众所公认,香港建立了比较完善的社会福利制度,其整体福利水平在亚洲名列前茅,其教育、医疗和社会服务水准令人瞩目。然而,对于香港社会福利体制属于何种模式的问题,学术界一向是见仁见智,存在理论争辩,其中最具影响力的当属"剩余福利论"、"儒家福利论"和"生产主义福利论"。

1. "剩余福利论"

麦克劳克林(Eugene McLaughlin)认为,香港社会福利制度属于典型的剩余型福利模式(residual welfare regime),公共支出和福利水平相对较低,福利主要面向"市场竞争的失败者"和"最不能自助者",以保障其基本需要为目的(Mclaughlin, Eugene, 1994)。威尔丁(Paul Wilding)认为,香港社会政策具有浓厚的自由主义和剩余主义特点,政府奉行"自由放任"和"积极的不干预主义"政策,对经济活动干预较少,社会福利政策强调个人、市场和第三部门的作用,政府在福利供给中主要扮演"最后帮助者"的角色(Wilding, Paul, 1996)。有人甚至将香港社会福利政策称为"没有福利主义的福利政策",政府鼓励民众先在市场和家庭中寻求支持,当市场和家庭都失败后才向政府求助(Chow, N. W. S., 2003: 411 – 422)。

一方面,香港社会福利制度在20世纪70年代创立之初,在很大程度上汲取和借鉴了英国公共援助制度和英国贫困法的经验,强调救助"那些容易受到伤害的人——老人、残疾人士和穷人"等所谓"最不能自助者",福利的去商品化程度和再分配程度比较低,经济自由主义和福利剩余主义传统源远流长(Hong Kong Government, 1977: 2)。另一方面,香港坚持走"低税制、低福利、高发展"的发展路线,奉行"经济不干预"的原则,拒斥高福利主义,重点发展公共援助,多数福利项目主要面向中低收入群体,并需通过严格的家计调查和资产审查,具有剩余福利的特点。有鉴于此,"剩余福利论"广受推崇。

2. "儒家福利论"

琼斯(Catherine Jones)认为,与日本、韩国、中国台湾等东亚国家和地区一样,香港社会福利制度和儒家主义文化紧密相关,表现出浓厚的东方儒家文化特色，如重视家庭责任和社会关怀，鼓励好善乐施，强调自强自立、邻里互助和不依赖政府，因而属于"儒家福利体制"（Confucian welfare states）（Jones, C., 1993）。按照琼斯的观点，儒家主义福利体制不同于埃斯平－安德森所分类的自由主义、保守主义、社会民主主义等西方福利国家体制，是一种新形态的，以家庭经济为重心，更加强调家庭、邻里与社群的社会福利体制。

香港学者周永新认为，香港社会福利制度受中国传统文化影响深远，推崇自食其力、自强不息，要求承担家庭和社会义务，遵循工作伦理，以依赖他人为耻，具有儒家文化特色（周永新，1995）。传统儒家思想在香港社会根深蒂固，香港人普遍重视家庭和履行家庭责任，推崇积善行德、家庭责任、社会义务和不依赖政府等观念。同时，香港政府一贯强调传统文化价值观，推崇儒家福利文化，倡导和推广"关怀家庭、力求上进、自力更生、互相扶持、不愿意依赖'福利'、极重视社会秩序，以及具备灵巧机智的特性"等华人传统价值观。因此，"儒家福利论"也有一定的市场。

3."生产主义福利论"

霍利廷（Ian Holliday）提出了"生产主义福利体制"之说，强调这是一种生产投资与经济发展优先、具有生产主义导向的福利资本主义（productivist welfare capitalism），他认为香港社会福利体制属于"东亚福利体制"的一种亚类型，即"为经济增长服务的类型"，以生产主义为导向，经济增长优先于社会发展，社会政策从属于经济发展的需要，政府的责任主要是促进经济发展，尽量减少公共开支和对市场的干预（Holliday, Ian., 2000：706－723）。

香港学者莫家豪也将香港社会福利制度归类为东亚"生产主义福利体制"（productivist welfare regime），其"重经济发展而轻社会保障"，以高经济增长率和低社会福利支出为特征，通过持续的经济增长来改进民生福利，从而弥补相对滞后的社会政策之不足（莫家豪，2011）。这种东亚福利体制具有高社会投资与低社会保障支出、福利分层化、强调个人与家庭的福利责任等特点（王卓祺，2011）。长期以来，香港在经济政策上奉行"自由放任主义"思想，在社会政策上坚守"生产主义"导向，即经济发展第一、社会发展第二，维持相对较低的公共支出，社会政策起到辅助经济发展的作用（Maggie

K. W. Lau, 2005: 1 - 16)。香港社会福利政策所体现出来的生产主义特点，与日本、韩国和新加坡等亚洲福利国家具有相似之处（Christian Aspalter, 2006: 290 - 301）。因此，"生产主义福利论"的拥趸也不少。

4. 适度普惠论

笔者认为，"剩余福利论""儒家福利论""生产主义福利论"对香港社会福利制度都具有相当的解释力，能够解释香港社会福利政策的部分性质和特征，但都不全面，有一定的偏颇之处。"剩余福利论"正确地看到了香港福利制度低度政府责任、低收入再分配、低去商品化的一面，但忽视了香港教育、公共医疗和住房等社会政策具有一定的普惠主义的特点。"儒家福利论"正确地强调了香港福利制度的儒家文化特色，但低估了西方福利文化，特别是英国福利国家对香港社会政策的影响，例如，香港的医疗保障政策就深受英国全民医疗服务制度的影响。"生产主义福利论"正确地认识到了香港福利制度与其他东亚福利体制的相似之处，但忽略了其独有的香港特色，例如，香港社会福利制度同时融合了西方自由主义和中国传统儒家文化，福利去商品化程度低但又不缺适度普惠主义福利，福利制度以公共救助为主但又包含高度专业化的社会服务项目。

在很大程度上，香港社会福利制度不完全属于东亚福利模式，也不能简单套用剩余福利模式来解释。正如香港学者周永新所说："香港的社会政策，实在没法用传统的福利模式来分类，什么'剩余模式'、'结构式重分配'、'第三条道路'、'公私营结合'等，都无法形容香港的社会福利制度。"（周永新，2013：150）在20世纪六七十年代，香港社会福利制度确实是沿着剩余福利模式的路线行进的，但经过近半个世纪的发展，它已超越了最初剩余福利模式的设计，具有适度和普惠的特点，成为一种不同于西方福利国家、具有香港特色的适度普惠型社会福利模式。

"适度"是指香港社会福利制度契合香港实际情况，与其经济发展水平和社会人文状况相适应，福利水平保持在适度区间且具有相当的弹性。"适度"包含"适合"与"适量"两层含义，前者是定性概念，指福利制度适应本地区的经济、政治和社会人文状况，合乎本地政情、社情、民情需要；后者是定量概念，指福利水平恰到好处，能满足民生福利需求又不至于太慷慨进而掉进

"福利陷阱"。从"适合"角度看，香港福利制度与香港社会古今融合、中西合璧的人文特点相适应，体现了多元并存、包容开放的特点，既保留了优秀传统中国文化，信守个人自强、家庭责任和社会互助等华人福利观，又汲取了西方福利国家特别是英国福利国家的经验，强调适度普惠、公民社会福利权。从"适量"角度看，香港福利制度强调公共支出"总量控制"，保证福利水准维持在合理的区间范围内，与经济发展水平动态适应。

香港社会支出历来遵循"两个不超"的准则：一是1976年规定的公共支出规模不超过本地生产总值的20%，二是1987年规定的公共支出增速不超过本地生产总值的增速（保罗·惠廷、侯雅文等，2001b：8~9）。虽然这两个准则并非每年都得到严格执行，却是香港公共开支方面的重要指引（Tang, S. H., 1995：172-173）。除了1998~2003年受亚洲金融危机影响，公共支出略有增加外，近30年来香港公共支出占地区生产总值的比重大体维持在20%以内（见图6-1）。"两个不超"准则保证了香港社会福利在"总量控制"的前提下，充分运用"柔性调节"，按照政策目标优先次序来决定福利资源投放量，确保福利水平维持在合理区间。这是一种兼顾经济发展与民生改善的"增量式"福利发展策略，即以"存量福利"为基础，通过做大"经济蛋糕"，不断扩大"增量福利"，保证福利改善与经济发展维持一种动态的平衡关

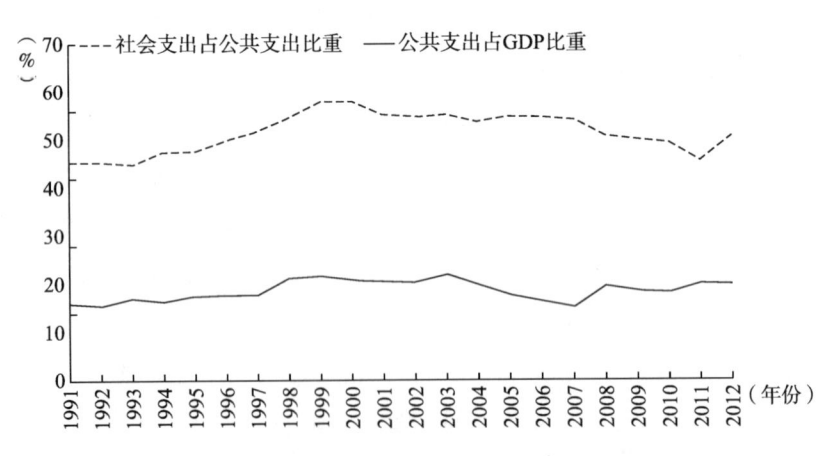

图6-1 1991~2012年香港公共支出占地区生产总值比重、社会支出占公共支出比重变化趋势

系，从而既能不断回应和满足改善社会民生的需要，又不会因为高福利而损害香港作为全球自由经济体和国际金融中心的竞争力。

"普惠"是指香港社会福利体制具有相当的普惠性和普及性，广泛惠及不同的阶层和群体。顾名思义，普惠（universality）有两层基本含义：一是"普"即覆盖面（broad coverage）广，二是"惠"即给付水平（high level）较高（Andreas Bergh，2004：750）。香港福利制度的"普惠"集中表现在以下两个方面。

一是覆盖面广，具有相当的包容性和普惠主义，不仅针对贫困和弱势群体，而且广泛覆盖各类有需要的社会群体。例如，香港拥有完善的全民公立医疗服务制度、全民免费基础教育制度、为近50%的市民提供住房保障的公屋制度，以及针对各类人群的社会服务制度。这些社会福利制度的覆盖面相当广，覆盖了各类有需要的社会群体。对此，香港学者吕大乐认为，香港不少社会政策具有普惠主义特征，虽然政府在这些政策上投入了大量资源，但是并未把政策受益面限制在某一类特定的群体，而是将其扩大到更大范围的有需要的社会群体（吕大乐，2015：112）。

二是保障水平较高，惠及多重民生，不仅满足基本生活保障，而且广泛惠及教育、医疗、住房、社会服务等多重民生，整体社会福利水平在亚洲领先，不少福利服务项目的质素甚至能够比肩西方发达国家。对此，英国著名学者保罗·威尔丁（Paul Wilding）认为，香港社会福利制度的一大优势是拥有一套完善的、由公共财政支付的福利服务系统，虽然香港社会开支占地区生产总值的比重低于西方福利国家，但香港福利制度在覆盖面、可获得性及服务质素方面拥有不错的表现，在教育、医疗卫生和公共服务方面的成就更为突出（梁祖彬，2007）。

就社会支出占公共支出的比重而言，香港基本上达到OECD发达国家的水准。由图6-1可见，近20年来，香港社会支出占公共支出的百分比大体保持在50%左右，最低点是45%（1992年），最高点达到58%（1999年）。2010年，香港社会福利支出达到376亿元，占政府开支的16.8%，在各项政府开支中排名第二，仅次于教育支出（香港社会福利署，2011）。2007年，香港用于教育、医疗、住房和社会福利的社会开支约占公共开支的54.1%，高于韩国

41.2%的水准,当年美国、英国和加拿大等许多 OECD 发达国家的社会支出①占公共开支的比重基本上在 50%~60%(见图 6-2)(贡森、葛延风,2012:217~218)。

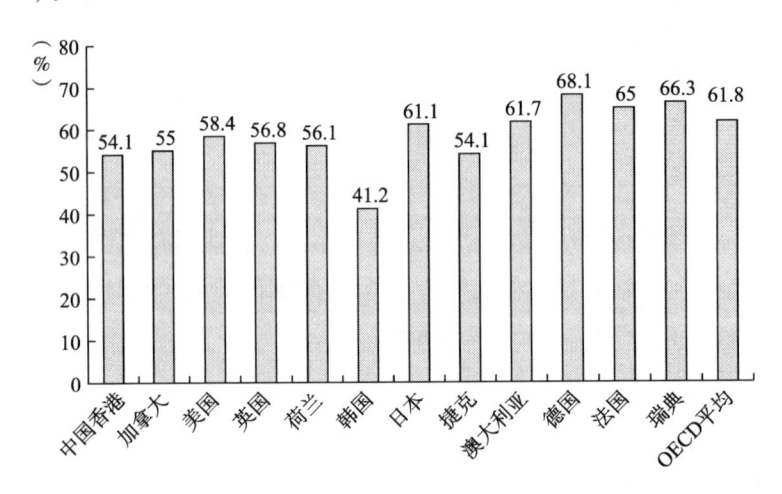

图 6-2　2007 年中国香港和 OECD 国家社会开支占政府公共支出的比重

中国香港 54.1；加拿大 55；美国 58.4；英国 56.8；荷兰 56.1；韩国 41.2；日本 61.1；捷克 54.1；澳大利亚 61.7；德国 68.1；法国 65；瑞典 66.3；OECD 平均 61.8

需要特别指出的是,香港福利制度的适度普惠有别于西方福利国家那种大包大揽的高度普惠主义,而是强调"应保尽保"的适度普惠主义。西方福利国家的"高度普惠"是建立在"高税收、高支出"的基础之上的,这些国家的公共支出占 GDP 的比重大多超过 40%,甚至在 50% 以上(OECD Publishing,2011)。香港福利制度的"适度普惠"是建立在"低税收、低支出"的基础之上的,受低税制和公共支出准则影响,香港的公共支出占地区生产总值的比重很少超过 20%。西方福利国家的福利普惠在很大程度上是福利资源的普惠,即向全社会或某一阶层的所有成员提供无差异的福利服务。与西方福利国家相比,香港福利制度的普惠在更大程度上是福利机会的均等,即保障公民在基本社会福利方面享有平等的权利和机会,基本福利服务以外的则由市场来决定。对此,香港学者周永新写道:"政府为市民提供'一视同仁'的服务,让他们得到基本的生活保障,患病时得到治疗,有合理的居住及工作环境和条

---

① OECD 国家的社会支出并不包括教育支出,但考虑到在东亚国家和地区,教育是社会政策和民生福利的重要内容,加之在国内大多数研究中,教育支出也被列为社会支出,图 6-2 中国香港和 OECD 国家社会开支是经过改进后的社会支出,其中包括教育支出。

件，每人都有发展的机会，但在这个平台以上，个人过着怎样的生活，必须交由他们自己来决定。"（周永新，2013：150）机会均等甚于结果平等，基本保障甚于全面保障，兼顾经济效率与社会公平，这是香港福利制度迥异于西方福利国家的价值取向。

三 香港适度普惠型社会福利制度的构成

从广义福利的角度看，香港社会福利制度涵盖公共援助①、社会保险、社会服务和公共福利②四个层次，包含丰富多样的补救性、预防性和发展性福利项目，并非仅针对贫弱群体，而是覆盖各类有需要的群体。这些福利制度承担不同的福利功能，具有各自特定的福利项目、福利目标、福利对象、福利资格和福利形式，共同组合为香港适度普惠型社会福利制度（见表6-1）。

表6-1 香港社会福利制度的主要构成

福利制度	公共援助	社会保险	社会服务	公共福利
福利项目	综援、公共福利金、意外伤亡赔偿以及紧急救济计划	强制性公积金等	家庭及儿童、安老、青少年、医务、康复、临床心理等服务	公屋、医疗和教育
福利目标	为贫困者和弱势群体提供基本保障	为在职人士提供社会保险	为特定和有需要的群体提供社会服务	为有需要者和全民提供公共福利
福利对象	贫困和弱势群体（低收入者、老人、残疾人、灾民等）	18岁至65岁的在职劳动者	特定群体（老人、儿童、青少年等）及有需要的群体	有需要的群体和合乎条件的香港公民

---

① 在香港，综援计划、公共福利金计划和三个意外伤亡赔偿及紧急救济等计划统称为"社会保障"，由特区政府承担，经费来源于政府公共财政支出，具体由社会福利署负责管理。但是，香港的社会保障概念与内地的社会保障概念不一样，在内地，社会保障有广义和狭义之分，广义的社会保障类似于西方国家的社会福利，狭义的社会保障主要是指社会保险。在香港，社会保障属于社会福利的基础组成部分，相当于公共援助，并且早期香港采用的是公共援助的概念。因为在内地"社会保障"一词具有特定的含义，为避免直接搬用香港社会保障的概念而引起概念混乱和理解偏差，所以这里沿用香港早期所使用的"公共援助"的概念。

② 香港并无专门的概念来称呼相关福利制度，为行文方便，考虑到公屋、医疗和教育等项目面向各类有需要的群体，具有公共福利和适度普惠的特征，这里用公共福利来统称相关福利制度，以体现这些福利项目的公共性和普惠性。

续表

福利制度	公共援助	社会保险	社会服务	公共福利
福利资格	收入审查+类型划分	由雇主及雇员共同供款	类型划分+需求划分	需求划分+全民普惠
福利形式	收入支持+实物援助，补救性福利	收入支持，预防性福利	服务支持，支持性和发展性福利	资产支持+服务支持，支持性和发展性福利

1. 公共援助制度

首先是公共援助制度，包括综援、公共福利金、三个意外伤亡赔偿及紧急救济等计划，旨在为贫困者及弱势群体提供基本生活保障。对于公共援助制度的宗旨和目标，香港社会福利署做如是解释："经济有困难的人士若得不到政府的社会保障援助，便会陷入极度困境。一些需要独立抚养幼童的单亲人士，或是暂时失业的人士，都需要得到短期的经济援助。在本港，社会保障的整体目标，是帮助社会上需要经济或物质援助的人士，应付基本及特别需要。"（香港社会福利署，2019b）

综援是"综合社会保障援助计划"的简称，主要是为经济困难的人士提供基本生活保障，资金主要来源于税收和政府拨款，面向收入低于一定水平的贫困群体，类似内地的最低生活保障制度。按照社会福利署的定义："综援计划的目的，是以入息补助方法，援助因年老、残疾、患病、失业、低收入或其他原因引致经济出现困难的人士，使他们能应付生活上的基本需要。这项由社会福利署负责推行的计划，是为在经济上无法自给的人士提供安全网。申请人无需供款，但必须接受经济审查。"（香港社会福利署，2016）综援对象是收入和家庭资产低于特区政府规定的最低水平的贫困和低收入者，符合条件的综援对象可获得援助金。综援制度在实际操作中体现出很高的精细化和人性化水平，根据受助人的不同特点提供有针对性的救助。例如，综援金因人而异，具体包括标准金额、补助金（长期个案补助金、单亲补助金、社区生活补助金、交通补助金、院舍照顾补助金）和特别津贴，不同类别的综援对象根据其年龄和身体的不同状况可获得数额不等的标准金额，符合条件的特别个案可以申请特别补助金。目前资助金额最高的是需要经常护理的残疾儿童，每人每月资助标准为5580元，资助金额最低的是60岁以下的非单亲健全成人，每人每月资助标准为 2155 元；有高龄、伤残或经医生证明为健康欠佳成员的受助家庭，如连续领取援助金达 12 个月及以上可获发每年一次的长期个案补助金，单身人士每年 1910 元，有 2 名及以上高龄、伤残或经医生证明为健康欠佳成员的家庭每年 3830 元；单亲家庭每月可获发单亲补助金，每月 300 元；非居于院舍而年老、残疾或经医生证明为健康欠佳的综援受助人，每月可获发社区生活补助金 285 元；年龄在 12~64 岁，残疾程度达 100% 或需要经常护理的受助人每月可获得交通补助金 245 元；居于非资助院舍而年老、残疾或经医生证明为健康欠佳的综援受助人，每月可获得院舍照顾补助金 285 元；此外，申请人还可以根据家庭特殊情况申请特别津贴，以应付个人或家庭的特别需要。①

公共福利金是为严重残疾或年龄在 65 岁及以上的香港市民，每月提供现金津贴，以应付因严重残疾或年老而引致的特别需要。公共福利金每月以现金津贴的形式支付，包括普通伤残津贴、高额伤残津贴、高龄津贴及长者生活津贴，类似内地的高龄老人和残疾人津贴。除长者生活津贴外，在本计划下发放的津贴均无须申请人接受经济状况调查。目前普通伤残津贴、高额伤残津贴、高龄津贴及长者生活津贴的标准分别为 1510 元/月、3020 元/月、1180 元/月、2285 元/月。意外伤亡赔偿及紧急救济包括暴力及执法伤亡赔偿计划、交通意外伤亡援助计划、紧急救济计划，分别为暴力罪行或执法行动中的受害人、交通意外的伤亡者亲属和自然灾害灾民提供现金或实物援助。

根据特区政府统计处的统计，2012 年，公共援助开支达到 305.51 亿元，公共援助个案达 96.91 万宗，公共援助受助人数超过 120 万人（见表 6-2）。2012 年，香港总人口为 715.46 万人（香港特别行政区政府统计处，2013：4），公共援助受助人占总人口的比重超过 16%，由此可见公共援助的受益面相当广泛。

---

① 标准金额、补助金（长期个案补助金、单亲补助金、社区生活补助金、交通补助金、院舍照顾补助金）和特别津贴上述标准为 2014 年 2 月 1 日起生效的标准，参见香港特别行政区政府社会福利署主页"公共服务"资料介绍，http://www.swd.gov.hk/tc/index/site_pubsvc/page_socsecu/sub_socialsecurity/#CSSAsr。

表6-2 2012年公共援助支出及资助个案

单位：亿元，万宗

公共援助项目	政府支出	资助个案
综援	197.73	26.76
公共福利金	105.80	69.34
紧急救助及意外赔偿	1.99	0.81
总计	305.52	96.91

2. 社会保险制度

其次是社会保险制度，以强积金计划为主[①]，旨在为在职劳动人口提供社会保险。在香港，失业保险的任务在很大程度上由综援承担；工伤保险建基于强制性商业保险，政府强制雇主向商业保险机构购买劳工保险；医疗保险的责任主要由公共医疗政策承担。在强积金制度推出前，香港一直缺乏完善的养老保障制度，只有公务员、教师等少数群体可享受养老保障。强积金计划涵盖了除部分豁免人士以外的绝大部分工作人口，受篇幅所限这里主要分析以强积金为核心的养老保险制度。

强积金是"强制性公积金"（Mandatory Provident Fund Schemes）的简称，是香港特区政府于2000年12月1日正式实行的一项由雇员和雇主供款的退休保障政策。[②] 根据强积金管理规定，除部分豁免人士（享受法定退休计划或公积金计划的公务员和公办学校教师等）外，所有18岁至65岁并长期在香港居住和工作的雇员和自雇人士（属于获豁免的自雇人士除外），都必须参加强积金计划。雇主和雇员分别按参保人士月收入的5%或以上向强积金计划供款，参保人士达到65岁退休年龄方可提取强积金，但参保人士由于死亡、丧失行为能力、永久离开香港及提早退休的原因，可在退休年龄之前提取强积金。

[①] 除强积金计划之外，香港还有针对特定群体的职业退休计划、法定退休金等退休保障计划，但相比之下，强积金覆盖面最广、保障人数最多，受篇幅所限，这里主要介绍强积金计划。

[②] 强积金由雇员和雇主按照相应义务和一定比例供款，属于强制性供款计划，政府并未运用税收进行资助和调节，因而不具有再分配的功能。

在强积金制度实施以前,香港大约只有30%的就业人口（主要是公务员、教师等群体）享有退休保障,强积金制度实施以后,约85%的总就业人口获得各类退休保障。根据香港强积金管理局的统计,截至2013年3月31日,强积金净资产值达4553.3亿元,雇主、雇员、自雇三类人员参保人数分别达到25.91万、237.64万、21.9万,三类群体的参保率分别达100%、98%、65%,综合参保率达到96%（香港强基金管理局,2014）。由图6-3可见,2001年以来,雇主和雇员参加强积金的登记率基本保持在95%以上,2013年雇主和雇员登记率分别达到100%、98%,除自雇人士参加强积金的登记率近年来略有下降之外,雇主和雇员的登记率保持总体平稳和高位运行,这从一个侧面说明了强积金基本上实现了应保尽保、全员覆盖。

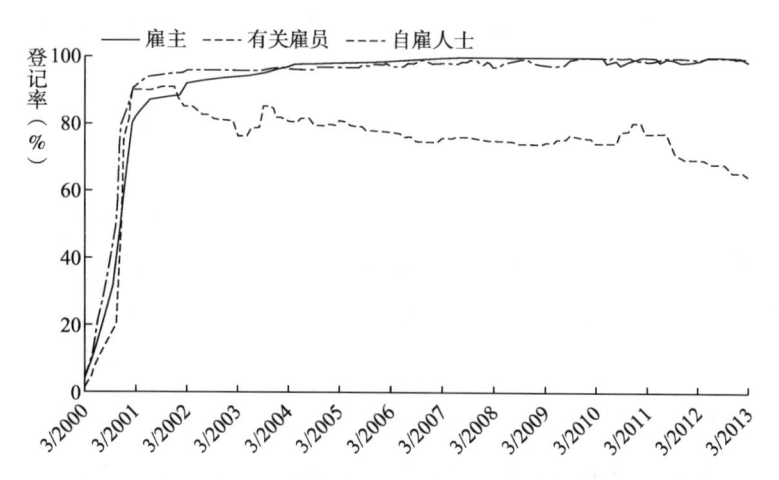

图6-3 2000~2013年香港强积金计划参保人员登记情况

资料来源：香港强积金管理局,《香港强积金管理局2012~2013年报统计数据》。

3. 社会服务制度

再次是社会服务制度,旨在为特定和有需要的群体提供社会服务。香港社会服务制度覆盖个人服务、家庭服务和社区服务三大层次,包括家庭及儿童福利服务、安老服务、青少年服务、医务社会服务、康复服务、临床心理服务、违法者服务、社区发展等主要类别。其中,家庭及儿童福利服务主要是协助个人和家庭预防或应付各类家庭问题,服务范围涵盖领养、家务指导、幼儿家庭生活教育、寄养、受虐妇女住宿等20余种服务。安老服务主要是照顾长者各方面的生活需要，提供各种社区支持服务（如长者地区中心、邻舍中心和度假中心）和院舍照顾服务（如护养院、安老院），提升长者生活质素，实现"老有所属、老有所养、老有所为"的目标。青少年服务主要是帮助青少年应付各种成长中的问题，促进青少年健康成长，服务种类包括学校社会工作服务、边缘青少年服务、吸毒人士服务等。医务社会服务由专业社会工作者驻于公立医院和专科诊所，为病人及其家属提供及时的心理社会辅导和援助。康复服务主要是协助残疾人士全面康复、发展体能及适应社会生活，服务范围涵盖弱者人士、精神病康复者、肢体伤残人士等10余类人群。临床心理服务主要是为市民提供临床心理服务，通过心理咨询和治疗，帮助受困人士渡过难关。违法者服务主要是通过感化服务、社区支持服务以及各种生活技能训练，帮助违法者改过自新，重新融入社会，成为守法公民。社区发展服务主要是开展各种社区服务，巩固社区和邻里网络，促进社区发展和社会融合，包含社区中心各类服务项目、邻舍层面社区发展计划、边缘及弱势群体支援计划。

香港社会服务制度主要面向儿童、老人、青少年、病人、残疾人、心理障碍者、违法者等特定群体和有需要的公民，提供一站式、针对各类社会问题的预防、支援和补救性服务，涵盖日常生活各个领域，能够满足不同群体的多元化、多层次服务需求。2011～2012年度，社会福利署资助非政府机构约2584个服务单位的预算资助金额为90.75亿元，表6-3是按照不同服务类别划分的预算资助额度分布情况，按照服务类别来划分，预算资助最高的是康复及医务社会服务（32.8%），其次为老人服务（32.1%），接下来依次是青少年服务（13.9%）、家庭及儿童福利（10.5%）、社会福利支援（8.8%）、社区发展（1.4%）、违法者服务（0.5%），这反映了香港公共财政对各类社会服务的资助情况。根据社会福利署的统计，2011年，各类社会服务的政府开支总额为110.32亿元，服务人数达到295.02万人，服务对象覆盖了各类有需要的社会群体；2014年，香港社会服务公共预算支出达到157.29亿元。香港社会服务以高素质的社会工作队伍和专业的服务水准著称于世，具有很高的专业化水平和服务素质，在亚洲处于领先地位。

表6-3 2011~2012年度按服务类别划分的预算资助额度

单位：亿元，%

服务类别	财政拨款额度	百分比
康复及医务社会服务	29.80	32.8
老人服务	29.12	32.1
青少年服务	12.59	13.9
家庭及儿童福利	9.48	10.5
社会福利支援	7.97	8.8
社区发展	1.30	1.4
违法者服务	0.49	0.5
总计	90.75	100

资料来源：香港社会福利署，《2011~2012年度"津贴拨款资讯"》。

4. 公共福利制度

最后是公共福利制度，以公屋、医疗和教育为核心，旨在为有需要者和全民提供公共福利。公屋政策是政府为收入和资产低于一定限额的中低收入群体提供的住房保障制度，包括公共租住房屋和资助自置居所房屋等。公共房屋是政府为低收入居民提供的住宅，由政府出资兴建并拥有业权或产权，以廉价租金出租给居民。申请公屋的家庭或个人，必须是年满18周岁的香港永久居民，其每月家庭总收入及现时的总资产净值不得超过政府规定的最高入息及总资产净值限额。家庭人数不同，对入息和资产限制的要求也不同，例如，按照2014年4月1日生效的标准，1口之家申请公屋，每月最高入息限额为9670元，总资产净值限额为221000元；4口之家申请公屋，每月最高入息限额为23910元，总资产净值限额为455000元。

香港公屋政策经过近70年的发展，已成为最具香港特色的社会政策之一。香港学者周永新认为："公屋政策是香港政府最重要的社会政策。从财政支出的角度看，政府对公屋支出虽及不上教育，但以影响的人数而言，公屋却凌驾于其他社会服务之上。"（周永新，1994：22）根据香港房屋委员会的统计，2012年，香港共有110.36万户家庭、334.1万人居住在公屋，约占香港家庭总数和人口总数的47%。换言之，香港有近50%的人口居住于公屋，享受政府提供的基本住房保障,在地少人多、寸土寸金的香港,公屋政策对于解决中低收入家庭的住房问题、实现居者有其屋所发挥的重要作用由此可见一斑,香港的公屋政策也成为由政府提供基本住房保障、解决民众住房问题的成功典范。

公共医疗也是香港公共福利的重要组成部分。经过一百多年的发展,香港的医疗制度形成了以政府为主、市场为辅,由公立医疗和私立医疗系统构成的二元医疗体制。其中,公共医疗以"全民保障"为宗旨,提供基本医疗服务,由公共税收支付,目的是要确保没有人会因为有病无钱而得不到治疗;私营医疗以"用者自付"为原则,提供由个人支付的私人医疗服务,让个人可以自由选择更高质量和更舒适的服务(练路,2014)。有人将香港的医疗体制称为"公私营并行的双轨制",公营医疗系统以医院服务为主、门诊服务为次,其开支约占香港医疗开支的49%,其医生约占香港医生总人数的42%;私营医疗系统以门诊服务为主、医院服务为次,其开支约占香港医疗开支的51%,其医生约占香港医生总人数的48%;两者正好形成了相互补充的关系(陈和顺,2017:131)。

香港的公共医疗制度沿袭了英国全民健康服务制度,以"全民保障"为原则,采取公办医疗服务的形式,通过医院管理局辖下的公立医院为全体市民提供价格低廉的医疗健康服务。香港公共医疗服务一向采取高福利、低收费的政策,确保香港市民不会因为经济困难而得不到适当的医疗服务(傅小随、李永清,2004:68)。香港公立医院的经费主要来源于政府财政拨款,政府以预算拨款的形式给公立医疗机构提供经费,与私立医院相比,公立医院的收费相当低廉,基本上属于象征性收费,符合条件的经济困难人士看病时还能减收或豁免个人支付的部分费用。2011年3月至2012年3月,香港医院管理局总收入423.17亿元,其中来自政府补助的收入达到376.37亿元,占总收入的88.94%,来自医疗收费的收入为30.29亿元,仅占总收入的7.16%,其余3.90%的收入主要来自社会捐赠和投资收益(香港医院管理局,2013)。由此可见,香港公共医疗的经费主要来源于公共财政,医疗服务收费所占比重很小。对于香港公共医疗的作用,英国学者弗兰克·韦尔什认为:"任何一项统计数据都无法充分反映出免费、便捷的医疗卫生服务给人们带来的精神上的安

全感。"(弗兰克·韦尔什, 2009: 536)

教育是香港公共支出最大的福利项目。香港自1978年起实施九年免费义务教育,2009年开始提供十二年免费义务教育,免费义务教育已涵盖从小学至高中12年,并设有多种形式的学费减免、资助和借贷计划,确保没有学生会因为经济困难而无法接受教育。目前,香港教育主要由香港特别行政区政府教育局管理,主要包括学前教育(幼儿园教育)、十二年免费义务教育以及大专以上教育。其中,十二年免费教育通过公立学校或政府津贴资助,为适龄儿童和青少年提供免费六年制小学课程、免费三年制初中课程及免费三年制高中课程。2013年1月,时任香港特区行政长官梁振英发表任期内首份施政报告时表示,特区政府教育局将成立专责委员会,研究免费幼儿园教育的可行性。自2017年起香港对非营利幼儿园实施免费优质幼儿园教育政策,实现了十五年免费义务教育。

近20年来香港社会支出结构发生了明显变化(见图6-4),教育、医疗、社会福利等支出增势大体平稳,相比之下,住房支出波动较大,在1999年到达顶点后一路下挫,在2007年探底后缓慢回升,但增速明显下滑。受亚洲金融危机影响,2003年香港特区政府宣布无限期中止"居者有其屋计划"(直到2016年才恢复),停建及停售"居屋",后又终止"租者置其屋"计划,这直接导致住房支出大幅缩减并从此陷入低谷。在香港现有社会支出中,教育支出

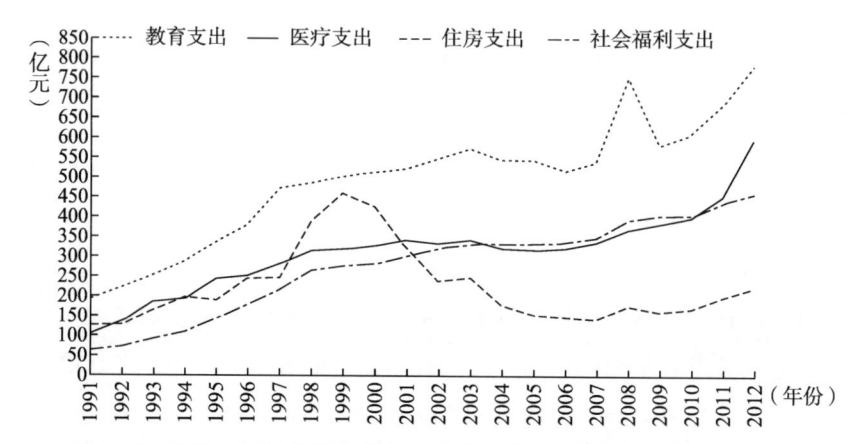

图6-4 1991~2012年香港教育、医疗、住房、社会福利支出变化情况

资料来源:香港特别行政区政府统计处,《香港统计年刊(2001~2012年)》。

稳居第一，医疗卫生支出位列第二，社会福利支出排名第三，房屋支出垫底。从表6-4可见，2010~2012年，在香港各项福利开支中，教育开支稳居第一，其次是社会福利（公共援助和社会服务）和医疗卫生支出，最后是公屋开支，四项开支占政府公共开支的比重大体保持在50%左右。以2012年为例，当年香港公共支出4055.27亿元，其中教育、医疗卫生、社会福利、住房四项支出所占比重分别为19.19%、14.67%、11.33%、5.45%，四项总支出为2053.47亿元，占公共支出总数的50.64%。

表6-4 2010~2012年香港广义社会福利开支

单位：百万元

福利项目	2010年	2011年	2012年
教育	60719（18.94%）	67891（17.61%）	77799（19.19%）
社会福利*	40519（12.64%）	43346（11.24%）	45940（11.33%）
医疗卫生	39890（12.44%）	45297（11.75%）	59491（14.67%）
住房	16938（5.28%）	18918（4.91%）	22117（5.45%）
四项开支合计	158066（49.31%）	175452（45.50%）	205347（50.64%）
公共开支总数	320570（100%）	385641（100%）	405527（100%）

注：*"社会福利"主要包括公共援助和社会服务开支，各栏目括号内百分比数据是指各福利项目占公共开支的比重。

资料来源：香港特别行政区政府统计处，2013，《香港统计年刊（2013年版）》，第247页。

总之，香港适度普惠型社会福利制度具有高度的制度化和专业化水准，涵盖公共援助、社会保险、社会服务和公共福利四个层次，包含丰富多样的补救性、预防性和发展性福利项目，在基本生活、教育、医疗、住房和社会服务等方面建立了比较完善的社会安全网，为香港的经济发展和社会稳定提供了强有力的保障。当然，香港福利制度也面临不少问题，特别是近年来伴随经济转型、人口老龄化、贫富悬殊等导致的贫困问题以及相关社会问题恶化，香港社会福利制度面临严峻挑战。例如，养老保险制度仍是"软肋"，现行的强积金制度漏洞不少，屡遭诟病；福利改革缺乏系统的顶层设计和中长期规划，在一定程度上存在"头痛医头、脚痛医脚"的问题；福利支出水涨船高，公共财政不堪重负；社会福利需求持续扩大，但受体制所限福利供给的增长空间极为有限，福利供需不平衡的矛盾日益突出等。但这些都瑕不掩瑜，香港福利制度以其高度的制度化、专业化、高效以及精简的特点而在亚洲独树一帜，成为东亚福利体制的典范之一。

四 香港适度普惠型社会福利制度的特色

威尔丁（Paul Wilding）认为，香港社会福利制度的突出优势是拥有一套完善的、由公共财政支付的福利服务体系，虽然香港社会支出占地区生产总值的比重低于西方福利国家，但香港福利制度在覆盖面、可获得性及服务素质方面拥有不错的表现，在教育、医疗卫生和公共服务方面的成就极为突出（梁祖彬，2007：33~42）。根据本书的研究，香港社会福利制度具有如下鲜明特色。

1. 福利目标：社会投资，发展导向

香港历来强调社会政策对促进经济发展的作用，认为社会政策的目标应从传统的收入维持转向增强人力投资、促进经济发展和社会融合。在福利目标上，香港福利制度强调"支援个人及家庭，协助真正有需要的人，并提供机会，使他们可以自力更生，力争上游，从而促进社会团结和谐"。特区政府多次强调受助人要自力更生，积极就业。例如，在1998年发布的《投入社会，自力更生：综合社会保障援助计划检讨报告书》中指出："我们要传达'有工作总胜于没有工作'、'低工资总胜于没有工资'和'综援是个安全网，只是最后选择'的讯息"，"我们应致力于改变那些不太积极寻找工作的失业受助人的态度，强调他们的'社会责任'，让他们认识到有需要自力更生，并使他们明白工作对个人、家庭和社会的好处"（香港社会福利署，1998b）。特区政府将大部分福利支出投入在教育、医疗和住房等方面，以促进人力投资和经济发展。由于具有发展主义的特点，香港福利制度被视为"东亚生产主义福利体制"的一种亚类型。近年来香港广泛推行社会投资的理念，提升个人、家庭和社区的自我发展能力，推动福利服务从事后补救到事前预防、从"输血"到"造血"的转变。例如，倡导"工作导向型福利"，推行"自力更生支援计划"和"深入就业援助计划"，力推积极就业和受助人"重返劳动力市场"；通过

"社区投资共享基金"和"携手扶弱基金",深化官商民三方合作,为弱势社群投资社会资本;截至2013年底,社区投资基金覆盖全港18个地区的268项社区发展计划,参与机构达到7000个,参加人数达到45万人,支援家庭30200个;设立儿童发展基金,尝试资产社会政策,通过建立个人账户、提供储蓄配额、减免税收等方式,帮助贫困儿童及家人积累资产。这些社会投资和发展主义福利项目及举措,合乎全球福利改革方向。例如,梅志里(J. Midgley)推崇的发展型社会政策、古柏(P. Taylor-Gooby)倡导的新福利主义、吉登斯提出的积极福利和社会投资国家模式,就是对福利国家改革方向很好的理论写照。

2. 福利对象:弱者优先,适度普惠

香港社会福利制度奉行"弱者优先"的原则,强调救助"那些容易受到伤害的人——老人、残疾人士和穷人"等所谓"市场竞争的失败者"和"最不能自助者",重点为贫困和弱势群体提供基本保障。在"弱者优先"的原则下,香港重点发展公共援助,福利支出向弱者倾斜,福利对象以弱者为主,优先照顾基本民生需求。社会福利署每年70%以上的福利支出用于综援金和公共福利金,贫困和弱势群体是主要受益者。例如,2014年社会福利署预算总支出为559亿元,其中综援金和公共福利金支出达402亿元,占预算总支出的72%。此外,社会服务制度主要面向儿童、青少年、老人、残疾人等弱势群体,公屋制度主要为中低收入群体提供基本住房保障。在弱者优先的前提下发展公共医疗、教育和社会服务等普惠型福利,让福利惠及各类有需要的群体。十五年免费义务教育惠及所有适龄入学儿童及其家庭,公共医疗制度为全民提供价格低廉的医疗服务,社会服务制度为各类有需要者提供支援性服务,这些组合式福利项目实现了应保尽保、全民覆盖,兼顾了弱者优先和适度普惠。对此,香港社会福利咨询委员会认为:"香港有一个高度发展和制度化的社会福利制度。除为有即时需要照顾及经济援助的人士提供基本援助外,亦为市民提供一系列的预防、发展和辅导服务。香港的资助福利服务惠及所有有需要的人士,而非只限于弱势社群和贫困人士。"(香港社会福利咨询委员会,2011)

3. 福利主体:责任分担,伙伴关系

早在20世纪70年代,香港就提出建立政府与社会组织的伙伴关系,探索多元化福利服务。经过40余年的发展，香港建立了包括整笔拨款津贴制度、社会服务竞投制度、中央转介制度、服务表现监察制度等在内的一整套比较完善的福利监管体系和运行机制，政府和社会组织在多元化福利供给中建立了制度化的责任分担机制，形成了富有香港特色的公私伙伴关系。这种伙伴关系超越了简单的"服务购买关系"，扩及政策咨询、服务购买、项目实施、行业监管等广泛领域，成为比较全面的"伙伴关系"。政府将大部分直接福利服务交给社会组织来运营，政府主要负责政策制定、资金支持和服务监管等宏观事务；社会组织负责提供具体福利服务，反映市民的服务需求和意见，并向政府提供对策建议。从福利支出看，政府在福利供给中发挥了主要作用，除强积金主要由个人和企业供款外，教育、医疗、住房和社会福利的资金主要来源于政府财政拨款。2012年，香港公共支出为4055.3亿元，占地区生产总值的19.9%，其中用于教育、医疗、住房和社会福利的社会支出为2053.5亿元，占公共支出的50.6%。从直接服务看，社会组织在福利服务供给中发挥了主要作用，除综援和紧急救助等部分福利服务外，社会组织提供全港90%以上的社会福利服务，其雇用的社会工作人员占全部社会工作人员的80%。2012年，香港注册社会组织数超过30000个，每万人拥有社会组织数超过40个，社会组织在福利服务供给中发挥了非常重要的作用。

4. 福利水平：适度均衡，动态调节

不同于西方福利国家的高福利刚性，香港福利支出历来遵循量入为出的原则，强调"够用就好，过犹不及"。在福利投入上，香港奉行渐进主义财政策略（incremental budgetary approach），对高福利持谨慎态度，保持福利支出稳健增长。早在20世纪70年代，香港就确立了"公共支出规模不超过GDP的20%、公共支出增速不超过GDP增速"的准则，其目的就在于保证福利支出量入为出。除了1998~2003年受亚洲金融危机影响公共支出略有增加外，1981~2012年香港公共支出占地区生产总值的比例基本控制在20%以内，保持了较高的连续性和稳定性。此外，香港定期编制"社会保障援助物价指数"（简称社援指数），根据经济增速、通胀和物价指数以及住户支出调查结果，动态调节福利标准。例如，由于亚洲金融危机影响，1998~2003年香港经济下滑，社援指数随之年均下调1.7%；2003~2008年，香港经济复苏，社援指数随之年均上调3.4%（香港特别行政区政府统计处，2009：207）。可见，香港福利支出对经济增速和通胀指数的反应相当灵敏，体现了适度均衡、动态调节的特点。对于香港福利水平的这种适切性特点，香港学者黄黎若莲形容为"虽然瘦削但不至于吝啬，并且具有相当的有效性和稳定性"（黄黎若莲，2008）。

5. 福利内容：需要为本，组合供应

香港社会福利制度自创立之初就注重对社会问题和需要的积极响应，致力于"以有限资源来满足无限的需求"（陈锦棠等，2008：6）。在福利供给上坚持以需为本，不搞"一刀切"，而是按照政策目标和服务对象类别确定相应的服务标准，提供"需求导向型"和"福利友好型"服务。以综援为例，综援金包含标准金额、补助金和特别津贴三类，其中补助金又细分为长期个案补助金、单亲补助金、社区生活补助金、交通补助金和院舍照顾补助金，标准金额旨在满足一般个案的基本需要，补助金和特别津贴旨在保障特别个案的特别需要，高龄、伤残、单亲、失业等不同类型的个案能结合不同需要获取个性化的援助。一般而言，单身人士比非单身人士的救助金额高，老人、儿童和残障人士比健全成年人的救助金额高，以体现"特别照顾最不能自助者"的原则（刘祖云、刘敏，2009）。在福利形式上，香港福利制度针对不同群体不同层次的需求，提供"收入支持+实物救济+服务支持+资产支持"的多元化支持结构，推行"补救性+预防性+发展性"组合式福利项目，在基本生活、教育、医疗、住房和社会服务等方面建立了完善的社会安全网。通过公共财政支持，香港将公共援助、全民医疗保健服务、免费基础教育、社会服务以及公共房屋等福利组合为广覆盖、多层次、全方位的"多重安全网"，不仅面向贫弱群体，而且覆盖各类有需要的公民；不仅保障受助人的生存性福利需求，还满足他们的安全性和发展性福利需求。

五 对社会福利建设的启示

伴随经济发展和民生需求不断增加，内地社会福利制度正面临从"剩余型"向"适度普惠型"的战略转变。超越传统剩余型福利格局，构建与经济社会发展水平相适应的适度普惠型社会福利制度，已成为当前内地民生建设的重要任务。由于内地普惠福利建设起步较晚，没有现成经验可借鉴，基本上是"摸着石头过河"。香港的福利经验对于内地社会福利建设具有重要的启示意义。

1. 正确处理经济发展与改善民生之间的关系

促进民生福利健康可持续发展。2015 年，我国 GDP 总量位居世界第二，人均 GDP 超过 8000 美元，总体经济水平迈入中等收入国家行列，但是，经济发展和社会民生"一条腿长、一条腿短"的问题依然比较突出。2011 年，我国内地社会支出占国家公共财政支出的 23.39%，除教育支出占公共财政的比重超过 10% 之外，医疗和住房支出占公共财政的比重都不足 4%。[①] 就社会支出占公共财政支出的比重而言，上述社会支出水平尚不及香港的一半，甚至低于许多发展中国家。社会福利建基于一定的经济发展水平，但经济发展不是决定社会福利水平的唯一因素。德国在 19 世纪 80 年代建立了现代社会保险制度、美国在 20 世纪 30 年代经济大萧条时期建立了现代社会保障制度、英国在二战的废墟上建立了现代福利国家，这说明，社会福利制度并非要等到经济足够发达时才建立，它可以成为经济发展和社会现代化的助推器，而非一定是经济发展的负担（郑功成，2007）。内地可以借鉴香港的经验，建立社会支出与 GDP、公共支出联动增长的机制，构建以民生福利为导向的公共财政支出结构，适当增加社会保障和就业、教育、医疗、住房等社会支出，逐步将社会支出占公共支出的比重提高到 40% 以上。根据经济增速动态调节福利支出水平，在经济效率与社会公平、经济发展与改善民生之间找到一个合理的平衡点，努力构建全民共享的发展型社会福利体系（中国发展研究基金会，2009）。

2. 正确处理福利全球化与福利本土化之间的关系

根据国际货币基金组织（IMF）2014 年 4 月公布的数据，2013 年香港地区生产总值为 2736.58 亿美元，人均地区生产总值达到 37777 美元，在全球排名第 24 位，超过欧盟（人均地区生产总值为 34060 美元，排名第 26 位）。根据联合国开发计划署（UNDP）公布的"2014 年度人类发展指数"报告，2014 年香港的人类发展指数达到 0.891，在全球排名第 15 位，超过日本（人类发

[①] 国家统计局，2010~2011 年《中国统计年鉴》；财政部，2010~2011 年《全国公共财政支出决算表》。

展指数为 0.890，排名第 17 位）。按照经济和社会发展水平，香港有能力建立一个高度普惠主义的福利社会，但香港却坚持福利本土化路线，发展适度普惠型福利制度，防止过高的福利水平影响经济发展和香港竞争力。在坚持福利本土化的同时，香港又广泛借鉴全球福利经验，形成了一套具有香港特色、在亚洲独树一帜的社会福利制度。2018 年，我国 GDP 总量稳居世界第二，人均 GDP 超过 9000 美元，总体经济水平迈入中等收入国家行列，因此不能像过去那样长期忽视民生福利、压低福利水平，走福利补缺主义的老路。同时，我国尚属发展中国家，人口众多，经济发展水平还不高，也不能照搬西方福利国家高度普惠主义的模式。应当坚持"中国特色、世界水准、适度普惠、增量发展"的定位，坚定不移地走福利本土化路线，同时顺应全球化方向，采取循序渐进、量入为出的稳健主义福利策略，发展适度普惠主义福利，构建中国特色适度普惠型社会福利制度。实际上，"普惠"源自对全球福利有益经验的借鉴，代表了社会福利现代化的发展方向；"适度"则是基于我国基本国情的现实判断，有现实国情和经济效率的考量。在某种程度上，适度意味着要考量经济效率，普惠意味着要追求社会公平，如何在全球经验与中国特色、社会公平与经济效率之间找到一个合理的平衡点，是构建中国特色适度普惠型社会福利制度必须面对的重要课题。

3. 正确处理福利政治与社会属性之间的关系

发展需求导向型和福利友好型福利。长期以来香港坚持以需为本，以满足民众的福利需要为宗旨，彰显人性化和精细化，发展需求导向型和福利友好型福利。在过去，我国内地重福利的政治属性而忽视其社会属性，强调以国家为本，社会福利更多的是服务于国家政权建设需要而非民众需要，服务于经济发展需要而非社会民生需要（彭华民，2010），作为社会福利核心要义的"人民福祉"和"人的需要"在一定程度上被忽视。应回归福利本义，在福利制度设计中把满足人的需要摆在更加突出的位置，发展"需求导向型"（need-oriented）和"福利友好型"（welfare-friendly）福利。不仅保障贫弱群体的基本民生需要，还关注有需要者在教育、医疗、住房、就业等多方面的多元化需要。不仅保障受助人的基本生活，还通过配套服务改善其生活质素，促进人力发展与社会投资。不仅完善以社会救助为主的补救性福利项目，还拓展社会服务、公共福利等预防性和发展性福利项目，实现福利制度从被动补救到主动回应、从维持生存到促进发展的转变，更好地满足经济发展和社会民生的需要。

4. 正确处理政府主导和福利社会化之间的关系

香港坚持政府主导与市场化相结合，建立了完善的福利责任分担机制，政府主要负责宏观监管，社会组织负责提供直接福利服务。相比之下，内地以政府行政供给为主，责任分担机制不健全，绝大部分福利服务由政府部门或官办机构承担，社会组织未能发挥应有的作用。实现社会福利可持续发展，既不能靠政府大包大揽，也不能片面强调福利社会化，而要正确处理政府主导和福利社会化之间的关系，建立制度化的责任分担机制，该政府保障的归政府，该社会保障的归社会。政府在公共福利供给中发挥主导作用，其角色重心在制定政策、资金支持和服务监管；社会组织在直接福利服务中发挥主体作用，其角色重心在服务供给、利益表达和需求反馈。这方面可借鉴香港发展社会组织、培育社工队伍、倡导社会服务专业化、构建公私伙伴关系等经验，坚持福利服务专业化方向，加快社会组织和社会工作队伍发展，加快发展和完善服务购买、契约外包、特许经营和委托管理等形式的多元化福利供给模式。

5. 正确处理普惠和适度之间的关系

优先照顾弱者又兼顾普惠全民。近年来，在改善民生福利的口号下，我国一些地方出现了两种不良倾向：一是福利冒进主义，大幅度增加福利投入，片面强调普惠，盲目推崇高福利；二是福利保守主义，人为压低福利投入，片面强调适度，固守传统剩余型福利。这两种倾向都偏离了适度普惠的要义，也有失公平与效率兼顾的价值追求。可以借鉴香港福利制度"控制总量、兜住底线、动态调节"的经验，坚持"增量式"福利发展策略，即以"存量福利"为基础，通过做大"经济蛋糕"不断扩大"增量福利"。从总量上控制公共支出规模，从存量上盘活社会支出各项科目，优先保障基本生活和底线民生，优先发展公共救助和基本公共服务，兼顾弱者优先与适度普惠。一方面，将福利资源优先向农村、边远、贫困、民族地区倾斜，向弱势群体和贫困群体倾斜，重点发展以基本生活保障为主的全民社会救助制度，夯实"最后的安全网"；另一方面，发展教育、医疗、住房、社会服务等普惠主义福利项目，推动公共服务均等化、完善应保尽保、覆盖全民的"多重安全网"。

第七章
香港调节贫富差距的社会机制[*]

香港在保持经济快速增长的同时，贫富差距持续扩大，但得益于完善的社会福利政策、相对公平的竞争、可持续的经济增长、较高的富裕程度、现代稳定型阶层结构及相对开放的社会流动，贫富悬殊并未给香港造成明显的经济低效、政治不稳或社会动乱。香港的经验表明，要调节贫富差距，维护社会稳定，应促进包容性经济增长，增加公共服务开支，营造机会均等的竞争环境，培育中产阶层，防止阶层结构僵化。本章考察香港在经济快速发展过程中不断扩大的贫富差距，分析香港调节贫富差距的社会机制及其对内地缩减贫富差距的启示意义。

一 经济快速发展过程中的贫富差距

自20世纪50年代初启动工业化以来，香港连续经历三次经济社会转型，完成了从"传统经济"到"制造型经济"再到"服务型经济"的转变。

20世纪50年代初，香港开始工业化进程，制造业飞速发展，经济进入高速发展的"黄金期"。1950~1970年是香港经济高速发展的黄金期，香港的年均经济增长率达到10%（保罗·惠廷、侯雅文等，2001b：2）。1970年，香港的工业出口占总出口的81%，至此香港初步完成了"工业化"，从单纯的贸易转口港转变为新兴工业化城市，迈入"新兴工业化经济"（newly industrialized

---

* 本章主要内容曾以论文的形式发表，载入本书时进行了修改，原文参见刘敏，2011，《经济快速发展过程中的贫富差距问题——香港的经验启示》，《广西社会科学》第6期，被人大复印资料《台、港、澳研究》2011年第5期全文转载。

economy）之列。

进入20世纪80年代后，香港经济向多元化方向发展，开始从制造业经济向服务业经济的转型，新兴服务业迅速崛起并成为主导产业。在此过程中，香港经济继续保持高位发展。1980~1990年，香港的本地生产总值平均每年增长15%，减除通货膨胀的因素，平均每年实际增长5%，十年间实际增长达72%，经济发展速度居"亚洲四小龙"之首。进入90年代，香港的经济增长速度更进一步，1991~1997年平均每年增长14.22%，实际增长5.22%（见表7-1）（莫泰基，1999：8）。1994年，制造业占地区生产总值的比重下降至不足10%，1995年服务业占地区生产总值的比重达83%，由此，香港完成了从工业经济到服务业经济的转型（《香港大瞭望》编写组，1996：68~70）。

表7-1　1981~1997年香港的经济增长率

单位：%

年份	年均增长率	实际增长率
1981~1985年	11.82	4.01
1986~1990年	17.28	5.87
1991~1997年	14.22	5.22

资料来源：莫泰基，1999：8。

1997年以后，虽受亚洲金融危机等因素影响，香港的经济增长步伐放缓，但实际经济增长依然保持在较高水平，不仅高于美、日等发达国家，相比新加坡、韩国和我国台湾地区等其他亚洲新兴工业化经济体也毫不逊色（见表7-2）。进入2000年以后，香港经济一度陷入低迷，但很快摆脱困境并实现了恢复性增长，开始了新一轮向"知识型经济"的转变（陈可焜，2002）。

表7-2　1990~2006年部分国家和地区实际经济增长率比较

单位：%

年份	中国香港	中国台湾	新加坡	韩国	日本	美国
1990~1996年	5.13	6.89	8.77	7.90	2.26	2.55
1997~2006年	4.20	4.27	5.98	4.35	1.11	3.22

资料来源：EIU Country Date 数据库。

毋庸讳言，香港在保持快速经济增长的同时，收入分配状况持续恶化，贫富差距不断扩大，形成了经济快速发展和贫富差距持续扩大"并驾齐驱"的局面。

工业化初期，劳资关系紧张、劳资纠纷不断，劳工阶层工资水平低下、缺乏必要保障，许多人陷入贫困。20世纪70年代，受石油危机和世界经济危机的影响，香港经济一度衰退，失业率急剧上升，弱势群体饱受失业和通货膨胀的双重打击，生活处境雪上加霜。1971年香港的基尼系数是0.43，1981年上升至0.45，贫富差距进一步扩大（李健正、赵维生，2004：251~265）。

进入20世纪80年代末期，香港的贫富差距加大，出现了"贫者愈贫，富者愈富"的"马太效应"（香港社会服务联会、乐施会，1996）。世界银行在1995年的《世界发展报告》中指出，在最高收入的24个国家或地区中，香港的贫富差距最大，最高收入的20%的家庭占有全港总收入的50%，而最低收入的20%的家庭仅占全港总收入的4.3%。1981年，最低收入的10%的家庭占有全港总收入的1.4%，1996年这个比重降到1.1%，2001年进一步降到0.9%；而同期，最高收入的10%的家庭占总收入的比重则从45.1%升至52.5%（香港社会服务联会，2004b）。这说明，在高收入阶层积累越来越多财富的同时，广大低收入阶层的相对收入越来越少，不断陷入相对贫困化。

20世纪90年代以后，在全球化和经济转型的背景下，香港出现了结构性失业和人力资源错配现象，失业、低收入等新贫困问题日益突出。由于人口老龄化、家庭核心化等因素的影响，老人贫困问题继续恶化。1997年亚洲金融危机后，香港经济遭受重创，失业率一度突破8%，创下当时近30年最高纪录。在经济不振的同时，香港的结构性失业和人力资源错配问题有增无减，贫富差距进一步扩大，相对贫困问题日益严重。

基尼系数的变化反映了香港贫富悬殊的变化。1971年香港的基尼系数为0.43，1981年为0.45，2001年升至0.53（见表7-3）。同为"亚洲四小龙"，1998年新加坡和韩国的基尼系数分别为0.43、0.32，2000年中国台湾地区的基尼系数为0.33，相比之下，香港的基尼系数明显偏高，贫富差距更为严重（香港特别行政区立法会秘书处，2004）。2006年，香港的基尼系数达到0.533，2011年增至0.537，2016年达到0.539，接近0.6的国际危险线。根据联合国开发计划署多次发布的人类发展报告，香港是全球经济发达体中贫富差距最大的地区，也是全球贫富悬殊最为严重的地区之一。

表 7-3　1971~2016 年香港的基尼系数

1971	1976	1981	1986	1991	1996	2001	2006	2011	2016
0.430	0.429	0.451	0.453	0.476	0.518	0.525	0.533	0.537	0.539

资料来源：香港特别行政区立法会秘书处，2004，《基尼系数》，立法会秘书处资料便览，12月6；香港特别行政区政府统计处，2007，《香港的住户收入分布》，《2006 年香港中期人口统计》，6月18日。

一般认为，贫富悬殊对经济可持续发展和社会长期稳定具有重要的影响。"中等收入陷阱"的一大问题就是发展中国家在步入中等收入阶段后出现了严重的贫富悬殊甚至政局不稳、社会动荡的问题，从而导致经济发展徘徊不前，无法进入高收入社会。例如，一些拉美国家在 20 世纪 50 年代至 80 年代保持高速经济增长，人均国民收入位居发展中国家前列甚至很早达到了中等收入国家的水平，但是由于经济政策与社会政策失衡、贫富差距大、社会矛盾尖锐等原因，出现了"拉美病"，长期陷入"中等收入陷阱"而无法自拔。

按照国际通常标准，基尼系数在 0.3 以下为最佳的平均状态，在 0.3~0.4 为正常状态，超过 0.4 为警戒状态，达到 0.6 则属于危险状态，当基尼系数超过警戒线甚至接近危险线，通常意味着贫富两极分化易激化社会矛盾，甚至引发社会动乱。香港的基尼系数在 20 世纪 70 年代就超过国际警戒线的标准，贫富差距 40 年来不仅没有丝毫好转的迹象，反而不断恶化，这种情况在同等经济水平的地区并不多见。但是，极端的贫富悬殊并未给香港造成明显的经济低效、政治不稳或社会动乱。对此，香港学者刘兆佳认为，"迄今为止，香港经济的两极化还没有转变为社会上层和社会基层的政治对立"（刘兆佳，2016：3）。相反，自二战以来，香港基本保持了长期的经济发展和社会稳定。究其原因，并非因为香港的贫富悬殊尚不够严重，亦不是因为香港社会对贫富差距的容忍度更高，而是因为香港社会具有调节贫富差距的良好社会机制。

二 香港对贫富差距的调节机制

香港在保持经济快速增长的同时，贫富差距持续扩大，但这并未给香港造成明显的经济低效、政治不稳或社会动乱，这得益于香港完善的社会福利政策、相对公平的竞争、可持续的经济增长、较高的富裕程度、现代稳定型阶层结构及相对开放的社会流动，正是这些社会机制为香港的经济发展和社会稳定保驾护航。

（一）完善的社会福利政策：调节贫富差距的社会安全网

社会福利旨在建立一个关怀互爱的社会，让人人尽展所长，社会维持繁荣安定。秉承这种理念，经过40年的发展，香港已经建立了一套具有本土特色的社会福利政策，其制度化程度与专业化水平甚至可与许多发达国家和地区相媲美：从服务主体看，形成了政府、市场和第三部门共同提供、全社会共同参与办福利的局面；从服务项目看，形成了涵盖儿童服务、青少年服务、老人服务、家庭服务、康复服务、感化服务、医疗卫生服务、公共房屋、公共教育等方面的完善的社会服务体系；从服务开支看，一直保持较高福利开支并形成了与经济发展水平同步发展的态势。1999~2015年，香港的社会福利支出从260亿元增至650亿元，翻了2.5倍，2015年，香港有超过13.69%的政府经常开支用于社会福利事业，这还不包括政府用于教育、医疗和住房等方面的公共开支（香港特别行政区政府统计处，2015：247）。广义社会福利支出一直是香港特区政府公共开支的最大支出，占到香港公共开支的50%左右。2017年，香港狭义社会福利支出达到708.50亿元，占政府公共开支的13.82%，广义社会福利支出（含教育、医疗、住房开支）达到2642.64亿元，占政府公共开支的51.54%（这一比例可以比肩美国、英国和加拿大等许多OECD发达国家）（香港特别行政区政府统计处，2018b：267）。这些公共福利开支具有广泛的收入再分配效应，如果把政府的税收优惠和福利支出计算入内，香港的基尼系数将明显减低。表7-4显示，虽然近20年来香港基尼系数不断升高，在2016年达到0.54，但如果计入税收及福利转移的再分配效应，2016年实际基尼系数只有0.42，甚至低于1996年的0.43，这说明香港社会福利政策对贫富悬殊具有明显的调节作用。

表 7-4　香港除税及福利转移前后计算的基尼系数

年份	调节前的基尼系数	调节后的基尼系数
1996	0.52	0.43
2001	0.53	0.42
2006	0.53	0.43
2011	0.54	0.43
2016	0.54	0.42

资料来源：香港特别行政区政府统计处，《香港 2006 年中期人口统计主题性报告：香港的住户收入分布》，《香港 2016 年中期人口统计主题性报告：香港的住户收入分布》。

完善的社会福利政策具有多重收入再分配功能，有效地调节了贫富差距，为香港社会提供了一张完善的社会安全网，帮助香港市民共享经济发展和社会繁荣的成果。对此，有人认为，香港在教育、医疗、住房和社会福利等方面的投入"对构造一个有助低下阶层人士亦可参与社会流动竞赛的社会环境，有明显的作用"（吕大乐，2015：112）。这是香港在贫富悬殊和贫困问题恶化的条件下能长期保持经济发展和社会稳定的制度基础。正如香港学者所说，如果没有这种"安全网"，"香港的穷人难以渡过 1974 年与 1979 年的石油危机，以及 1970 年中后期的经济过热。1971 的基尼系数是 0.44，1981 年已升到 0.48，贫富悬殊的情况越来越严重……但是，这种情况并没有引起很大的社会不满和怨恨，最主要的原因 70 年代所建立的社会保障制度"（李健正、赵维生，2004：149）。香港学者王卓祺认为，过去 30 余年香港之所以在贫富差距日益扩大的情况下能保持社会稳定，是因为香港通过税收和社会福利政策成功地进行收入转移支付，缩减了贫富差距，在相当程度上化解了社会矛盾（王卓祺，2007）。

（二）相对公平的竞争环境：调节贫富差距的社会公平保障

众所周知，香港是一个市场经济高度成熟的社会，也是一个经济自由、法治成熟、政府廉洁、高度开放的社会。根据美国传统基金会发布的 2018 年《经济自由度指数》，香港以完善的市场经济、健全的法制、廉洁高效的政府和公平的营商环境等连续24年被评为世界上最自由的经济体。根据美国传统基金会公布的2018年《经济自由度指数》报告,2018年香港经济自由度总分达到90.2分,是唯一一个总分超过90分的经济体,远高于全球平均的61.1分。根据监控全球贪污腐败问题的非政府组织"透明国际"发布的2017年清廉指数排名,香港的清廉度在180个国家和地区中排名第13位,在亚洲排名第2,属于世界上最清廉的地区之一。根据国际会计师事务所安永发布的2012年全球化指数排名,在全球60大经济体中,香港因其在贸易开放程度、资本流动性以及文化整合性方面表现优异,超过新加坡成为全球化程度最高的经济体(《全球化程度 香港世界第一》,2011)。

  作为一个高度开放、鼓励竞争的社会,相比世界其他许多国家和地区,香港社会无疑机会较均等、程序较公正、竞争环境较公平。一些研究表明,香港的社会流动率相对比较高,① 不同阶层之间的流动畅通(黎熙元,2008a),在个人地位获得中,自赋性因素的作用明显比先赋性因素更加重要。虽然20世纪90年代以后的经济转型给香港带来了结构性失业和人力资源错配的问题,但也为香港社会创造了大量新的工作岗位和就业机会,为不同阶层实现向上流动提供了新的渠道,从而使得"香港梦"得以绵延不绝(付杰、袁婷、张琦,2016)。因此,在造成贫富分化和贫困问题的原因方面,很大程度上是社会成员在个人能力和素质方面的差异造成的。如果富人基本通过市场上的合法劳动致富,主要靠个人奋斗走向成功,那么,富人致富不仅不会造成社会上的集体"仇富",反而会形成一种力争上游、努力奋斗的"示范效应"。这无疑有效地增强了民众对贫富差距的容忍度和心理承受力,弱化了贫富差距的负面影响,缓和了社会矛盾。

  (三)可持续的经济增长和较高的富裕程度:调节贫富差距的经济基础

  20世纪后半期,香港是世界上发展速度最快的地区之一,除个别年份之外,年度经济增长率基本保持在10%以上。进入21世纪以来,除了受1997年亚洲金融危机、2003年"非典"爆发、2008年美国金融危机等影响出现了短期经济波动之外,香港继续保持了经济平稳增长的态势。2007~2017年,以

---

① 香港扶贫委员会文件第23/2006号,《有关收入流动性的研究》。

当时市价计算（at current market prices），香港地区生产总值从16507.56亿元增至26609.83亿元，增幅达到61.20%，年均增长率为5.56%（香港特别行政区政府统计处，2018b：94）。

伴随快速的经济增长，香港家庭平均收入稳步增长，以当时物价计算，家庭收入中位数从1971年的708元上升至2001年的18705元，30年间翻了26倍，在此过程中，社会平均家庭收入迅速增加（黎熙元，2008b：57~58）。快速的经济增长使得整体国民收入普遍增加，整体国民收入的增加意味着民众生活状况的绝对改善，这无疑产生了某种"涓滴效应"，弱化了民众对贫富差距的不公平感。"繁荣与经济增长创造了一个良性环境，令人相信自己出头的机会一定会来临……快速的经济增长与发展，令本来存在于社会结构内的障碍，减低其阻人前进的效果，产生了新的位置和机会，使人相信发展机会有可能在身边出现"（吕大乐，2015：110）。香港是世界上最富裕的地区之一，2015年香港人均国民收入达到4万美元，超过日本位列高收入国家和地区的前列；家庭月收入中位数达到2.5万元，社会总体收入水平较高（香港特别行政区政府统计处，2015：51）。发达的经济水准为香港进行贫困救助提供了雄厚的经济基础，相比一般低收入国家和地区而言，无论是在贫困标准还是救助标准方面，香港都要高出一筹。据香港社会福利署的调查，早在20世纪90年代后期，一个四口之家的综援家庭平均每月可获得综援救助金1万元左右，已经高于当时全香港25%最低收入组别住户的每月平均收入（香港社会福利署，1998b）。

根据庇古的福利经济学理论，国民经济福利多寡，其中一个重要方面取决于国民收入的增量发展，在国民收入分配情况不变的情况下，国民收入总量愈大，民众的经济福利就愈大。香港可持续的经济增长和较高的收入水平，一方面使得社会总体财富增加，这为政府调节贫富差距提供了物质基础；另一方面使得民众的绝对收入处于上升状态，强化了其对贫富差距的心理忍受力。正如香港学者所言，"即使香港的基尼系数大幅度上升，也不会对香港长期的经济表现和社会稳定构成严重的问题。因为全球化的发展和机会的扩散对增加香港的人均收入，包括低收入阶层的收入是有好处的。只要贫困人口的生活水平持续上升而不是绝对下降，社会的稳定就不会出现大的问题"（戴平，2009）。

(四) 现代稳定型阶层结构:调节贫富差距的社会结构条件

自启动工业化以来,伴随快速的经济发展,香港的阶层结构经历了一个巨大的改变,一个由专业技术人员、行政管理人员、教师、社会工作者、医生和律师等构成的庞大的中产阶层诞生并逐渐发展壮大。一般认为,香港中产阶层形成于20世纪70年代,当时香港进入经济飞速发展时期,社会收入水平快速提高,特区政府在教育、医疗、住房、社会福利等方面推出了比较开明的社会政策,这为各个社会阶层向上流动提供了大量的机会,从而催生了一个规模不断扩大的中产阶层。按照香港学者周永新的说法,20世纪六七十年代是香港经济发展的转折点,也是香港人"从一无所有上升至略有资产的过渡期",开始出现了中产阶层,"他们有固定的工作,收入也较稳定,薪金每年有增加,子女有书读,完成中学后更可升读大学或出外留学"(周永新,2014:46、61)。

香港中产阶层的标准是什么? 对此,香港社会见仁见智。曾经有研究者将月收入在1.75万元以上、受过高等教育、有自有住房的香港家庭归入中产家庭,按照这个标准,中产家庭约占香港全部家庭的50%(尤安山,2011)。根据2010年香港科技大学雷鼎鸣教授的估算,如果以收入作为主要标准,同时考虑受教育程度、职业和住房的标准,香港的中产阶层占全港家庭的50%以上,这与特区政府统计处估算的中产阶层家庭约占香港家庭总数55%的推算结果大体一致(潘燕,2010)。根据特区政府2016年中期人口统计数据,2016年全港家庭月收入中位数为25000元,其中,家庭月收入在10000元以下的低收入家庭有480117户,占全港家庭总数的19.2%;家庭月收入在80000元以上的高收入家庭有253413户,占全港家庭总数的10.1%;家庭月收入在10000~80000元的共有1776204户,占全港家庭总数的70.7%(香港特别行政区政府统计处,2017b:111)。可见,香港的阶层结构是橄榄形而非金字塔形。

按照美国著名社会学家米尔斯的观点,中产阶级具有"消费前卫"和"政治后卫"的特征,更加关注个人在社会阶梯上向上流动及其社会地位,是维护社会稳定的力量(C.赖特·米尔斯,2005)。一般认为,底层阶级和上层阶级人数较少、中产阶级人数较多的橄榄形社会结构,比下层人数最多、中间层人数其次、上层人数最少的金字塔形社会结构,更容易实现长治久安。历史上香港中产阶层素有"平和理性"的传统，对香港价值观具有较强的认同感，是促进香港经济发展和社会稳定的力量。因此，以中产阶层为重要主体的现代稳定型阶层结构平衡了社会利益集团之间的力量对比关系，构成了香港抵抗各种风险、维持社会稳定的重要基础。

（五）相对开放的社会流动：调节贫富差距的社会活力源泉

虽然香港社会的贫富差距较大，但香港是一座多元、包容、开放的城市，追求的不是"结果平等"而是"机会均等"，从下到上的社会流动性（upward social mobility）并未被制度化阻隔。2006年由香港大学完成的一项有关香港收入流动性研究表明，无论是同代的收入流动还是代际的收入流动，香港劳工的收入流动性普遍较高，那些既有工作能力又愿意勤奋工作的人，无论其最初收入水平如何，都能在收入阶梯上向上流动，这说明了香港是一个强调机会均等的具有较高社会流动性的社会。[①] 有学者根据2006年香港中文大学亚太研究所所做的一项电话访问资料研究了香港社会阶层流动状况，结果发现，香港社会阶层的流动性高，中层以下之间的流动尤其显著，反映阶层结构具有开放性，其中教育是实现向上流动的重要因素，因此即便在贫富日益悬殊的香港社会，个人奋斗的价值观依然为大多数香港人所接受（黎熙元，2008b）。

香港中产阶层研究课题组发现，中产阶层的流动率高达83%，大多数中产阶层人员，如专业技术人员、管理者和经理都来自其他的社会阶层，只有17%是来自本阶层。这说明，快速的经济增长、开放公平的竞争环境，为许多底层人员向上流动特别是向中产阶层流动创造了巨大的空间和大量的机会（Tai-lok Lui，2003：61-83）。香港中产阶层经历了所谓"香港经验"，他们靠个人奋斗，在激烈的竞争中脱颖而出，其成功的外在环境有赖于香港开放的社会流动机会和相对公平的社会系统，因此，他们信奉个人竞争、保证能者居上的社会公平。有研究发现，香港不同社会阶层的流动率高，中下阶层的流动性尤为显著，反映了香港的社会阶层结构较为开放，阶层之间比较容易互相渗透、界限模糊，这从相当程度上弥补了贫富差距对社会群体和个人心理所造成的伤害（黎熙元，2008b）。

[①] 香港扶贫委员会文件第23/2006号，《有关收入流动性的研究》。

不仅社会阶层结构对于过滤贫富差距、维护社会稳定具有重要的作用，不同社会阶层之间的流动性也对于调节贫富差距、维护社会稳定具有重要的作用。如果阶层结构闭合、相互流动率低，则社会底层民众晋升受挫，容易滋生不满甚至反抗情绪；反之，如果不同阶层之间流动顺畅，尤其是底层民众能够通过个人奋斗向上流动，则他们可以在穷困中看到希望，这有助于形成一种你追我赶、积极向上的价值观。得益于高度开放、鼓励竞争的现代社会结构，香港有着比较弹性的阶层关系和相对顺畅的社会流动，这使得底层民众看到向上层社会流动的希望，有效地过滤了贫富差距的负面作用，起到维护社会稳定的作用。虽然面临严重的贫富悬殊，但大多数香港人不以阶层冲突和社会对抗情绪来看待贫富差距，整体而言个人奋斗的价值观仍然为多数香港人所认同和接受。

三　对缩减贫富差距的启示

与香港一样，我国内地保持了较长时期的快速经济发展，一方面经济高速发展，社会普遍繁荣，民众整体生活水准不断提高；另一方面，也面临一些严重的社会问题，如贫富差距拉大、贫困问题恶化、弱势群体被边缘化、社会矛盾激化等。改革开放以来，我国年均经济增长率超过9%，从一个积贫积弱的国家发展成为世界第二大经济体，但与此同时，也逐渐从一个"平均主义"的社会变为一个贫富差距较大的社会。因此，作为先发地区的香港，在调节贫富差距、维护社会稳定方面的做法对于我国内地具有重要的启示意义。

（一）促进包容性经济增长，真正落实以先富带后富

经济发展并不一定改善收入分配状况，缓解贫富差距问题，相反，如果政策处理不当，反而有可能恶化贫富悬殊。在这方面，香港留下了深刻的经验教训。正是由于奉行"不干预主义"，放任自由竞争，推崇"自由胜于平等，效率优先公平"，这既培育了香港今日的富庶和繁荣，也为其贫富悬殊问题埋下了伏笔。

按照世界银行的统计，2016年中国GDP总量近11.20万亿美元，占全球经济总量的14.84%，稳居世界第二；人均GDP超过8100美元，达到中等偏

上收入国家的水平。但同时，我国内地的贫富差距也创历史新高。根据世界银行的研究，中国的基尼系数已从改革开放前的 0.16 升至 0.47，不仅超过了国际上 0.4 的警戒线，也超过了世界大多数国家的水平。按照中国人民大学的调查数据，中国的基尼系数已达 0.56（唐钧，2010）。根据国家统计局的数据，2016 年中国的基尼系数是 0.465，不仅超过了国际上 0.4 的警戒线，也超过了世界大多数国家的水平。世界银行将基尼系数在 0.4 以上视为"严重收入不平等"，发达国家组成的经合组织（OECD）成员 2014 年的平均基尼系数为 0.32，与此相比，中国的基尼系数仍然很高（《世界银行："亚洲奇迹"加剧不平等》，2017）。虽然数据不一，但有一点得到公认，目前我国的基尼系数高于绝大多数发达国家和发展中国家。有研究表明，在相同的贫困标准下，贫困发生率的变化可以分解为增长效应和分配效应，我国经济发展的增长效应降低了贫困发生率，但分配效应却恶化了贫困，这反映了收入分配存在明显不公的问题（李实、詹鹏，2016）。也有研究指出，我国经济增长总体上呈现包容性的趋势，但包容性水平还不高，特别是收入不平等和机会不平等问题比较突出（王小林，2017：276）。

要从根本上调节贫富差距，必须转变经济发展战略，促进包容性经济增长，实现全民共享经济社会发展成果，真正落实以先富带动后富。这包括：从"效率优先，兼顾公平"转变为"公平与效率兼顾"，建立公正合理的收入分配格局；在做大"经济蛋糕"的同时更加重视分配"经济蛋糕"，从"让一部分人，一部分地区先富起来"转变为"先富带动后富，最终实现共同富裕"；加大收入转移支付力度，促进基本公共服务均等化，减少收入不平等；深化就业、教育、医疗、住房、收入分配等制度改革，帮助普通民众更好地分享经济社会发展成果；创造公平竞争的制度环境，促进机会均等，增加弱势群体的生活机会和参与公共政策的话语权（世界银行，2018：189~190）等。只有这样，才能从源头上遏制贫富差距问题，避免两极分化。

（二）增加公共服务开支，完善社会福利政策

香港的经验表明，社会福利政策是社会公平的基石，在舒缓贫富悬殊、保持社会稳定方面发挥着重要作用。社会福利具有广泛的收入再分配效应，可以调节贫富差距，缓解民众由于贫富悬殊而引起的不满和仇视心理，避免社会动

荡。因此，要缓解贫富悬殊，一个重要途径是强化政府的再分配功能，增加公共服务开支，完善社会福利政策。

2010年，我国GDP为59303亿美元，经济规模位居世界第二，但当年我国社会支出（不含教育支出）仅为3676亿美元，世界其他主要经济体及其社会支出（不含教育支出）情况分别为美国（28482亿美元）、日本（12551亿美元）、德国（9002亿美元）、英国（5261亿美元）、意大利（5662亿美元），我国的社会支出远低于上述发达国家；当年，我国社会支出占GDP的百分比为6.2%，美、日、德、英、日的社会支出占GDP的百分比分别为19.6%、22.9%、27.4%、23.3%、27.5%，我国社会支出占GDP的比重也远低于上述发达国家。[①] 近年来我国社会保障和就业、教育、医疗、住房等社会支出增长很快，但社会支出占公共支出的比重依然不到30%，占GDP的比重不到10%，相比发达国家社会支出占公共支出的比重一般超过50%、占GDP的比重一般超过20%的水平依然存在较大的差距。

如果说西方福利国家面临的主要问题是"福利过剩"甚至"福利病"，那么我们面临的主要问题则是"福利短缺"，因此我国当前福利发展的主要任务是提高福利水平，增进国民福利，而不是防止"福利病"（奂平清，2014）。因此，必须增加政府公共福利开支，完善社会福利政策。这包括：优化政府支出结构，增加在社会保障、公共卫生、教育、住房等方面的公共开支；建立城乡一体化、全民共享型社会救助制度；完善医疗、工伤、养老失业等方面的保障制度；提高社会福利政策的法治化、制度化和规范化水平；等等。总之，应真正落实建设服务型政府的理念，增加公共服务开支，完善社会福利政策，使广大民众共享经济社会发展的成果，舒缓贫富悬殊，促进社会稳定。

（三）以社会公正作为执政理念，营造机会均等的竞争环境

衡量贫富差距有公平与平等两个指标（高坂健次，2000），公平指机会均等，而平等指结果平等。就结果平等而言，香港的贫富差距无疑包含着深刻的

---

① 社会支出数据来源：OECD，StatExracts Social Expenditure-Aggregated data。GDP数据来源：International Monetary Fund World Economic Outlook Database，April 2012。这里的社会支出采用的是OECD的统计标准，不包含教育支出。

结构性不平等，但从机会均等的角度看，它又带有一定的合理性。在贫富分化的原因方面，有相当一部分是社会成员在个人能力和素质方面的差异造成的。这是港人对贫富差距容忍度较大、未有普遍仇富心态的重要原因。

反观内地，贫富差距具有结构不平等、机会不均等的双重属性。在造成贫富分化的原因方面，相当一部分是体制不健全、结构不完善、制度不合理、机会不均等因素造成的，如非法暴富、官商勾结、行业垄断、税收失调、收入分配不公、社会保障制度滞后等。民众对贫富差距的不满，除了对这种差距本身不满，更多是对导致这种差距的不合理原因和机制的不满。因此，在调节贫富差距方面，不仅应解决贫富差距扩大的问题，更应着力调控贫富差距形成机制中的不公平和不合理因素。这包括：打破垄断体制，减少权力之手对市场的过度干预；建立公正合理的收入分配格局，杜绝非法收入，整顿不合理收入，调节过高收入；改革税收制度，扩大对高收入群体的征税力度，真正发挥税收手段在调剂国民收入分配格局中的作用；创造平等的竞争机会，打破生产要素流动壁垒，放宽垄断行业进入限制；等等。总之，要把社会公正上升为一种执政理念，把它置于与经济发展同等的高度，营造机会均等的竞争环境，这是消除两极分化、实现共同富裕的必然要求。

（四）培育中产阶层，加快阶层结构转型

贫富差距过大的严重性危害在于，它必然生成一个失衡失序的金字塔形阶层结构，畸形的阶层结构容易滋生社会对立，激化阶层矛盾，严重时会引发社会动荡（胡联合、胡鞍钢，2007）。香港的经验表明，培育中产阶层，加快阶层结构从金字塔形向橄榄形的转变应当成为调节贫富差距、维护社会稳定的重要机制举措。

进入 2000 年以后，我国内地的中产阶层呈崛起之势。中国社会科学院"当代中国社会阶层结构"课题组在 2001 年的全国调查表明当时中产阶层的规模已经在 15% 左右（陆学艺，2001）。据全国人口抽样调查等调查数据，2010 年，中产阶层的规模比例在 23% 左右，但当前我国阶层结构发展趋势并不明朗，在中产阶层加快崛起的同时，伴随行业垄断、腐败等现象，新贵和暴富阶层也迅速壮大（陆学艺，2010：402）。根据中国社会科学院 2011 年中国社会状况调查数据（CASS - CSS）的估算，我国中产阶层在 16~70 岁劳动人

口中的比例为7.7%，实际人数约为9000万（李春玲，2016）。也有研究者指出，中产阶层不等于中等收入群体，从财富分配的结构可以看出，中国的底层人群比例非常大，远非橄榄形社会，中等收入群体中的很大一部分也未能达到中产阶层的生活水平（李强、王昊，2017）。可见，我国内地的中产阶层规模有待扩大，阶层结构有待转型。中产阶层成长需具备一定的社会土壤，应着力破解阻碍中产阶层成长、不利于阶层结构转型的结构性和体制性因素。这包括：规范收入分配，扩大中等收入者比例，增加国民财产性收入；推进产业机构升级，引导就业结构和职业结构发展；改革包括个人收入所得税在内的税收制度，推进教育、医疗、住房等领域的民生建设，减轻中产阶层的负担；等等。总之，应进一步培育和壮大中产阶层，加快阶层结构转型，以过滤、消弭贫富悬殊对民众心理以及对社会结构的冲击力，维护社会稳定。

（五）防止阶层结构僵化，促进社会流动

在香港，包容开放的阶层关系以及顺畅的社会流动机制，使得不同阶层的成员能够互通有无，从而在全社会形成一种积极向上、你追我赶、崇尚奋斗的积极价值观。香港的经验表明，除了阶层结构之外，阶层关系和社会流动也是过滤贫富差距、维护社会稳定的重要变量。如果阶层关系和谐，社会流动顺畅，则人心思上，社会和谐；反之，如果阶层关系不和谐，社会流动不顺畅，则民众离心离德，社会不稳。

进入2000年以后，伴随经济持续快速发展，我国的贫富差距不断扩大，阶层鸿沟也呈现扩大之势。其表征之一是阶层收入差距扩大。2000～2007年，城镇最高收入户的家庭年人均收入增长了2.6倍；同期10%的最低收入户的家庭年人均收入只增长了1.7倍（国家统计局，2008）。其表征之二是阶层流动障碍增加。这表现为在中上阶层，财富代际传承性明显增强，代内流动明显减少；而处于底层的子女，进入较高阶层的门槛明显增高，不同阶层之间的流动障碍在强化（陆学艺，2004：16）。贫富差距出现代际传递并呈现结构固化的危险信号，在中上阶层与底层之间的社会鸿沟逐渐拉大（王春光，2006）。其三是阶层关系出现不和谐。据调查，超过80%的人怀疑富人不是通过正当手段致富的，约70%的人认为权力腐败是导致当前社会不公的最主要因素（李强，2000：197）。在另一项研究中，受访者对"穷人与富人""政府官员与老百

姓""城里人与乡下人""有财产者与无财产者"等形成了不同程度的阶层认同，并认为阶层差异明显、阶层关系存在不和谐的地方（李路路、边燕杰，2008：330～332）。

造成阶层鸿沟扩大的重要原因是阶层结构僵化、社会流动不畅。对此，有研究者认为近年来我国阶层结构基本稳定但出现了向上流动局部封闭的问题，特别是"身份型"阶层固化和"资源型"阶层固化值得警惕（宋林霖，2016）。清华大学李强教授认为，我国阶层有固化的趋势，表现为：中上阶层准入门槛越来越高了，阶层之间的界限逐渐形成；下层群体向上流动的比率下降；具有阶层特征的生活方式、文化模式逐渐形成；阶层内部的认同加强（李强，2016）。因此，必须继续深化体制改革，突破户籍、就业、人事等方面的制度束缚，畅通社会流动。只有保持充分畅通的社会流动，才能让民众看到向上流动的希望，才能建成开放包容的社会，才能形成一种积极向上、崇尚奋斗的积极价值观。

第八章
香港 NPO 参与贫困治理[*]

作为不同于市场和政府的第三种力量，NPO 在贫困治理中具有独特的优势和作用。香港的 NPO 发展较早并且较成熟，它们数量庞大，具有专业化的人才队伍和广泛的社会影响，能得到政府大量的资助和商界广泛的捐赠。经过长期发展，香港 NPO 已成为一个规模庞大的第三部门，在扶贫开发领域发挥着不可替代的作用。它们直接参与政府各项扶贫计划，提供个性化、多元化的社会服务，逐渐形成了一套比较完善的贫困治理模式，如重视与政府、商界的三方合作，推动社会投资，强调基层居民自下而上的参与。本章以香港为例，分析 NPO 的发展及其在贫困治理中的作用，探讨香港 NPO 参与贫困治理的经验对内地扶贫的启示意义。

一 NPO 扶贫的兴起

20 世纪的最后 20 年，全球治理模式发生深刻转型，即从政府主导的一元化治理转向政府、市场与 NPO 参与的多元化治理（俞可平，2000）。多元化治理强调改善治理结构，加强多部门参与，通过伙伴关系共同解决公共问题，治理因此成为"政府与社会力量通过面对面合作方式组成的网络管理系统"（D. Kttle，1993；斯蒂芬·戈德史密斯、威廉·埃格斯，2008）。这是一种以公共利益为目标的社会合作过程，它强调主体的多元性、跨界别的社会合作、多主体的沟通协商以及自下而上的基层参与（俞可平，2003：17~19）。

---

[*] 本章主要内容曾以论文的形式发表，载入本书时进行了修改和补充，原文参见刘敏，2008，《NGO 与贫困治理：以香港为例》，《兰州学刊》第 8 期。

NPO (non-governmental organization) 一般指独立于政府和企业之外的、不以营利为主要目的、主动承担社会公共事务和公益事业的民间组织，组织性、非政府性、非营利性、自治性和志愿性以及公益性是它们的共同特征。① 目前国际上比较权威的定义是美国约翰·霍布金斯大学非营利部门比较项目提出的"五要素说"，即 NPO 具有五个基本特征：①组织性，即具备一定的制度和结构；②私有性，即在制度上与国家相分离；③非营利性，即不以营利为主要目的，而是以实现社会共同利益为目标；④自治性，独立处理各自的事务；⑤自愿性，其机构成员不是法律要求组成的，他们向机构提供一定程度的时间和资金方面的自愿捐献，只要具备上述五个条件，就算是 NPO（莱斯特·萨拉蒙，2002：3~4）。

从历史的角度看，对于贫困的治理有一个从以民间慈善为主过渡到以政府为主，进而发展到政府与 NPO 建立合作伙伴关系、共同治理贫困的过程（田凯，2004）。在早期，贫困普遍被认为是个人疾病、伤残、懒惰和不道德的结果，因此，政府对贫困者尤其是有劳动能力的贫困者采取排斥甚至惩戒的态度。这时民间组织是济贫的主要力量，国家的介入只是边缘性的。19 世纪大规模的工业化以后，贫困日益成为一种重要的社会问题，在这种条件下，单靠民间慈善活动的传统济贫模式已远不能满足社会需求。于是，国家开始大规模地介入济贫活动，试图通过建立福利国家模式来消除贫困。20 世纪 70 年代以后，伴随经济改革和社会转型，福利国家的神化破灭，福利多元主义风起云涌，国家在贫困治理中的作用有所淡化。在这种背景下，NPO 异军突起，掀起了一场"全球结社革命"（莱斯特·萨拉蒙，2002）。作为应对"政府失灵"和"市场失灵"的解决方案，NPO 广泛参与民权运动、贫困治理、环境保护、消费者运动等社会生活的各个领域，日益形成一股重要的社会力量。一个国家或地区所拥有的 NPO 的规模及其结构，成为反映该国或地区经济发展程度以及社会治理水平的一个重要指标（邓国胜，2007：8；国家民间组织管理局，

---

① 关于 NPO 概念的界定是一个仁者见仁、智者见智的问题。从不同的功能定位角度看，它有不同的名称，许多时候，它与第三部门（the third sector）、非营利组织（non-profit organization）、志愿组织（voluntary organization）等概念交替使用。我国学术界多采用非政府组织或非营利组织的称呼，而官方多称其为社会组织或民间组织。这里根据我国学术界的一般做法，采取"NPO"（非营利组织）的概念。

2007：19）。

其中，贫困治理是 NPO 积极活跃的一个重要领域，为数众多的 NPO 正在从事扶贫开发工作，捍卫贫困人口的合法权益。他们与政府和商界广泛开展合作，积极介入经济、技术、教育和健康等各个领域的扶贫工作，为缓解全球贫困问题做出了重要贡献。扶贫领域的 NPO 主要包括：发达国家的从事开发援助的基金会等资助机构；总部设在发达国家但主要在发展中国家开展各种发展项目的发达国家 NPO；总部设在发展中国家并在当地开展各种发展项目的发展中国家 NPO；主要在国际上开展发展援助中介服务的国际 NPO；专门开展小额信贷等活动的发展项目及草根组织等（吴忠泽、陈金罗，1996；文军、王世军，2004：207）。从国际经验尤其是发展中国家的经验来看，作为一种不同于市场和政府的"第三种力量"，NPO 在反贫困斗争中具有明显的比较优势，如极具灵活性和创新性，扶贫针对性强且命中率高，可以对多样化、快速变化的需求做出及时有效的反应等。

NPO 已成为全球贫困治理的中坚力量，在扶贫开发领域起着不可替代的作用。NPO 在国际社会上开展的扶贫活动主要包括三大方面：①在以发展中国家为中心的贫困地区开展一系列扶贫开发项目，这是国际 NPO 和发达国家 NPO 扶贫活动的一个最主要方面；②向处在贫困状态的发展中国家提供包括资金、技术和人力等在内的各种直接援助；③支持发展中国家的当地 NPO 的能力建设，主要是向后者提供资金，开展各种形式的培训、信息交流和技术指导等（王名，2001）。其中，扶贫的主要形式有：①生存扶贫，即为贫困人口提供基本的生活与生产条件，保证他们的基本生存需要；②技术扶贫，即为贫困人口提供技术培训，帮助他们走上自力更生之路；③教育扶贫，包括提供教育资金、培训教育人才等；④合作扶贫，通过与政府、商界和国际组织的合作，动员各种资源进行合作扶贫；⑤文化扶贫，开展各种形式的文化普及活动，将信息、知识及资金引导到贫困地区，改善贫困地区的文化氛围；⑥环保扶贫，通过改善贫困地区的生态环境改善贫困人口的生活条件，进行间接扶贫；⑦人口扶贫、实物扶贫等。

在世界各国，特别是广大发展中国家，NPO 在贫困治理中发挥了重要的作用，这表现在：努力增加贫民收入，并争取保证它们能够维持稳定和经常的收入；向穷人提供食物供应，改善他们的营养状况；向弱势群体提供教育、健康、住房以及其他方面的社会服务，保障他们的合法权益；力图培养弱势群体的自立能力，提高他们对疾病及自然灾害的应变能力；通过推动一些结构性的经济改革，使弱势群体能够拥有自己的土地和资产，具备一定的生产投资能力，从而开发他们的潜力（赵黎青，1998：82）。亚洲开发银行把改善治理结构看作三大减贫（poverty reduction）战略之一，其中，与 NPO 建立合作伙伴关系是改善治理结构的关键之一，因为 NPO 可以利用基层网络增进贫困人口的社会资本，推进他们的能力建设（亚洲开发银行，2004：15~19）。世界银行认为，NPO 可以通过增加贫困者的经济机会、促进赋权和加强安全保障三个方面来形成持续性的减贫动力（世界银行，2001）。

总之，NPO 是全球扶贫开发领域的重要力量，促进了贫困治理的专业性、公平性及可持续性发展。许多研究表明（康晓光，2001；洪大用、康晓光，2001；张宏伟，2017；向雪琪、林曾，2017），与政府扶贫相比，NPO 扶贫的比较优势表现在：采取自愿捐赠的资源动员机制和市场竞争的监督机制，具有极大的灵活性；可以动员政府无法动员的本土资源和海外资源；可以高效率地使用资源，通过提供参照标准来监督政府的资源使用情况；通过与政府机构竞争资源来迫使政府提高资源的使用效率；扶贫的针对性强，命中率高；能对多样化、快速变化的社会需求做出及时有效的反应；有强烈的创新冲动，是现代公益意识的培训者、现代公民的培养者。不过，NPO 扶贫也存在一些比较劣势，如存在资金和人才等方面的问题，资源供给不足，具有狭隘性、业余性，推广能力不足等。《中国 NPO 反贫困北京宣言》指出，NPO 在反贫困中的作用表现为：能够动员政府无法动员的本土资源和海外资源；能够通过竞争、创新、示范来促进扶贫资源使用效率的提高；能够对多样化的、快速变化的社会需求做出反应；是扶贫制度创新的重要力量；对于培育与市场经济相对应的公民社会，具有积极的意义（中国扶贫基金会等，2001）。

二 香港 NPO 的发展

香港的 NPO 发展较早并且较成熟，它们数量庞大，从业人数众多，社会影响广泛。它们具有较宽松的制度与政策环境，具有专业化的人才队伍，并且能得到政府大量的资助和商界广泛的捐赠。这些NPO与政府和商界广泛开展"三方合作"，积极介入扶贫开发领域，政府的许多扶贫开发计划都是经由它们得以具体实施的。经过几十年的发展，香港的NPO已成为扶贫开发领域的一支不可或缺的力量，而且逐渐形成了一套比较成熟的贫困治理模式。

香港的NPO发展较早，可以追溯到19世纪开埠初期。当时的NPO主要是华人社会的慈善团体（如东华三院、保良局等）、教会兴办的宗教团体以及国际志愿组织，这些组织为早期香港的济贫事业做出了重要贡献（MacPherson, S., 1982）。第二次世界大战以后，尤其是20世纪五六十年代以后，伴随香港经济转型以及社会发展，公众对公共服务的需求大增，福利、体育、艺术以及文化等领域的NPO蓬勃发展。其间，政府逐步增加对NPO的利用以及资助，以提供社会服务（莫泰基，1993；冯可立，2004）。在1973年发表的有关社会福利政策的文件中，特区政府承认志愿团体在社会福利规划中具有与政府同等的地位。20世纪八九十年代，香港处于经济繁荣的高峰，NPO的发展也处于黄金时期，香港社会比以往更加关注环保、人权、消费者保障以及贫困等方面的社会问题，相关领域的NPO取得了长足的发展。不仅NPO的机构数目与规模大增，大型的NPO相继出现，其服务更加规范化和专业化，其社会地位及形象也大为提升，一些国际性的NPO也相继在香港落户。1997年亚洲金融危机后，香港的经济和社会问题恶化，特区政府更加强调与NPO建立合作伙伴关系，共同应对危机、推进经济社会发展。

总之，经过几十年的发展，香港NPO成为独立于政府和企业之外的一个规模庞大的"第三部门"，它们数量惊人，从业人数众多，社会影响范围甚广。香港特区政府中央政策组曾经对香港的NPO进行了综合性研究，它采用了国际认可的约翰·霍普金斯大学非营利组织比较中心对NPO的定义，按照具体的活动领域，将香港的NPO分为14大类，由此可见NPO活动领域十分广泛，涵盖了香港经济、政治、社会和文化生活的各个方面（香港特别行政区政府中央政策组，2004）（见表8-1）。

表 8-1　香港 NPO 的分类

分类	分类
1. 教育及科研	8. 环境
2. 专业、工业、商业及行业会	9. 体育
3. 地区与社区	10. 艺术与文化
4. 法律与法律事务	11. 宗教
5. 政治	12. 慈善中介
6. 福利服务	13. 国际及跨境活动
7. 健康服务	14. 其他

据统计，截至 2011 年底，香港共有 27244 个 NPO，每万人社会组织数达到 38.5 个，共有 18450 名注册社工，每万人注册社工数达到 26.1 个。① 根据保守估计，早在 2002 年底，香港就有 17000 个 NPO（其中包括 4000 个慈善团体），这些 NPO 从只有数名职员到拥有数百名职员不等。表 8-2 是根据中央政策组的研究，从雇员、开支、会员、义务工作者、资金来源等方面所列 2002 年香港 NPO 的概况。由此可见，2002 年香港 NPO 的全职雇员人数约为 15 万~37 万人，义工人数达到 55 万人，会员人数超过 370 万人，每年总开支为 189.9 亿~273.6 亿元，相当于香港本地生产总值的 1.5%~2.1%，主要资金来源于政府资助以及有偿服务、会员费和私人捐款。

表 8-2　香港 NPO 概况

雇员	共聘请 149230~371800 名全职受薪人员，占 2002 年总劳动力人口 3267000 人的 4.6%~11.4%
	59% 的受访机构聘请 1~10 名员工，而一半的大机构聘请超过 1000 名员工
开支	每年的总开支大约是 189.9 亿~273.6 亿元，相当于香港本地生产总值的 1.5%~2.1%
会员	NPO 的会员人数大约是 370 万~830 万人
义务工作者	大约有 57% 的 NPO 有义工计划，而每个机构平均有 106 名义务工作者，义工总人数达 553890 人，占 2002 年香港总人口的 8.2%，或总劳动人口的 15.7%
资金来源	主要的资金来源于政府资助、补助金、有偿服务、会员费以及私人捐款

---

① 资料来源：香港社会指标统计网，http://www.socialindicators.org.hk/；香港社会工作者注册局网站，http://www.swrb.org.hk/tc/index.asp。

近20年来，香港NPO及其雇用的工作人员的数量呈现稳步增长的态势，他们积极活跃在香港社会生活的各个领域，社工服务范围遍及老年人服务、残疾人服务、儿童服务、青少年服务、妇女服务、家庭服务、新移民及少数族裔服务、社区矫正等数十个服务领域。由图8-1可见，1997～2016年，香港按《社团条例》登记的社团数量持续稳定增长，从8695个增加到38704个，增幅达到345.13%，年均增长18.17%。由图8-2可见，1981～2006年，香港非政府组织雇员的数量保持稳步增长的态势，从12489人持续增加到59549人，翻了4.77倍，增幅相当明显。

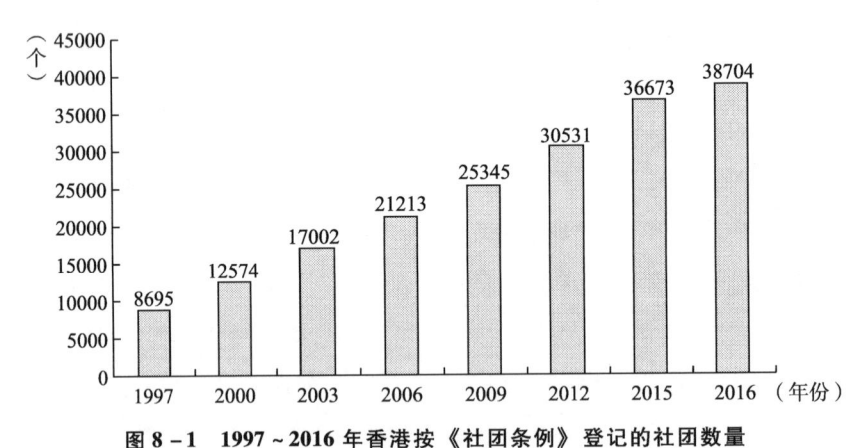

图8-1　1997～2016年香港按《社团条例》登记的社团数量

数据来源：香港社会指标网，《按〈社团条例〉登记的社团数量》，http://www.socialindicators.org.hk/chi/indicators/strength_of_civil_society/3.1。

香港学者梁祖彬将香港的NPO分为三大类（梁祖彬，2003）：①利益组织，这主要是指以服务自己会员为主并满足其需要、表达其利益的社团，这些组织以一人一票选出董事，而收入以会费和捐赠为主，主要有文娱康体、宗教、工会、利益团体、专业组织、居民组织、社区组织、业主会、环保及压力团体等；②社会服务机构，主要为一些慈善机构和基金会等，它们自觉承担社会责任，表现出对社会公众利益的关怀，有规范地提供教育、健康、照顾和倡导服务工作，其工作范围包括教育、福利、医疗、住房、社会保障、环保以及扶贫等；③政府赞助组织，这是政府赞助或支持的一些咨询性组织，它们扮演政府与市民的桥梁，成为政府决策层与市民沟通中介的一种半官方的组织，通过这些组织，市民可以自下而上地表达意见和感受，而政府亦可以自上而下地

图 8-2　1981~2006 年香港非政府组织的雇员数量

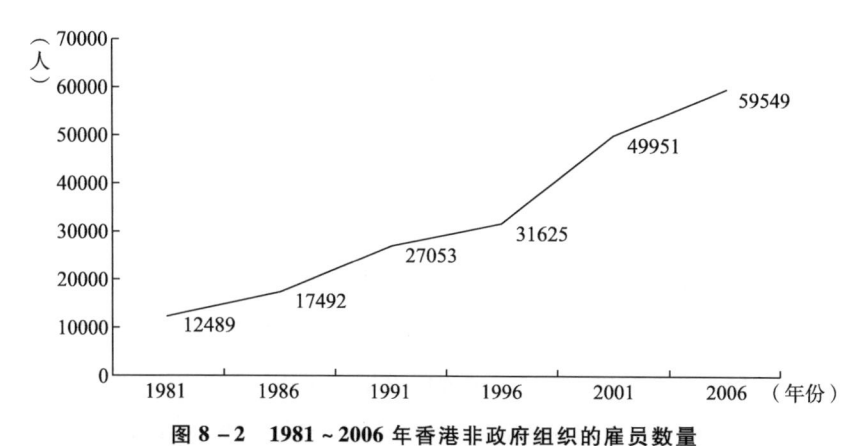

数据来源：香港社会指标网，《非政府组织的雇员数量》，http：//www.socialindicators.org.hk/chi/indicators/strength_of_civil_society/3.2。

传达、解释政府的政策，以获得市民的认同和支持。

在扶贫开发领域，上述 NPO 分别发挥不同的作用，其中，尤以第二类 NPO——社会服务机构（如一些慈善机构、基金会等）最为活跃、积极，例如，东华三院、保良局和香港社会服务联会属于香港本土枢纽型 NPO，社会服务的范围极为广泛，影响力很大。成立于 19 世纪 70 年代的东华三院（Tung Wah Group of Hospitals）是香港历史最久远及规模最大的慈善机构，以"救病拯危、安老复康、兴学育才、扶幼导青"为己任，致力于开展具有服务质素、效率和效益的社会服务，在香港设有 194 间服务中心，为全港市民提供包括医疗服务、教育服务及社区服务等在内的优质多元化服务。成立于 1882 年的保良局是香港土生土长的慈善团体，秉承"幼有所育，少有所学，壮有所为，老有所依，贫寡孤困残病者皆有所望"的愿景，已发展成为一个庞大的社会服务机构，在香港拥有超过 200 个服务单位，为香港市民提供教育服务、医疗服务、文化服务、综合健康服务、福利服务等多元化服务。成立于 1947 年的香港社会服务联会（The Hong Kong Council of Social Service，HKCSS）是香港第三部门的重要代表，作为代表非政府的香港社会福利服务机构，有超过 310 个机构会员、3000 多个服务单位，为香港市民提供超过九成的社会福利服务，每年接受社联及其所属会员机构服务的人次超过 4000 万。

三 香港 NPO 在贫困治理中的作用

在不同的历史阶段，香港的 NPO 在贫困治理中所起的作用不一样。从开埠到 20 世纪 50 年代这段时期，香港主要是一个贸易转口港，尚未经历工业化，经济结构简单且发展水平不高。当时种族隔离和种族歧视现象严重，社会被分割成两个泾渭分明的群体——欧人社会和华人社会。整个社会贫富悬殊，少数官僚和富商阶层垄断了社会大部分的财富，工人、苦工、仆役、船民和佃农等其他劳动生产者处于社会底层。衣不遮体、食不果腹、居无定所，是当时社会底层贫困生活的集中表现和突出问题（余绳武、刘存宽，1994：353~407）。在这 100 余年的时间里，港英政府实行"消极不干预"的自由经济政策，信守殖民主义社会福利观，政府把贫困和病弱看作个人的问题，认为该由家庭来解决，所以对于贫困治理的介入较少。当时华人社会的慈善团体（如东华三院、保良局等）、教会兴办的宗教团体以及国际志愿组织是济贫的主要力量。在这段历史时期，香港的贫困救助主要属于民间慈善事业，主要由本港和国际慈善团体以及教会组织承担，政府对社会福利事业持放任不管的态度。

从 20 世纪 50 年代初开始，香港开始了迅速的工业化历程。在经济飞速发展的同时，香港的贫富差距急剧扩大，贫困问题日益成为一种重要的社会问题。大规模移民潮的涌入导致贫困移民和难民的数量急剧增加。许多老人、儿童、残疾和失业人士由于缺乏必要保障而陷入贫困和匮乏状态（Jones, C., 1990：173）。由于工作环境恶劣、工资水平低下和缺乏必要保障，许多工人沦为贫困一族（Turner, H. A. et al., 1980：12）。在这种背景下，仅靠慈善团体和志愿机构的传统济贫模式已远远不能满足社会需求。于是，从 20 世纪 60 年代开始，港英政府开始逐渐大规模地介入济贫活动。1965 年，港英政府发布第一个社会福利政策白皮书。1971 年，港英政府正式推出公共援助计划，从民间志愿机构手中接过了社会救助的责任。

由于认识到单靠政府难以满足社会需求，政府逐步增加对 NPO 的利用以及资助。在 1965 年发布的首份社会福利白皮书中指出，非政府组织在社会服务供给中扮演重要角色，政府要通过公共财政资助为非政府组织提供支持和帮助。在1973年发表的社会福利政策的文件中，政府提出与NPO建立伙伴关系，明确了在社会服务领域政府与NPO共同负责的模式。其中，经费来源方面以政府资助为主，NPO筹措为辅；具体服务方面以NPO提供为主，政府提供为辅，从而初步形成了"NPO卖服务，政府买服务"的合作模式。从20世纪70年代开始，政府对民间志愿机构开始进行拨款资助，而且资助金额不断增加，到香港回归祖国前后，香港志愿机构每年80%的经费都由政府资助（陈瑞莲、汪永成，2009：255）。伴随政府与NPO合作范围及合作深度的不断拓展，政府和第三部门越来越重视社会服务的质量与绩效评估。"在20世纪70年代以前，一些志愿机构主要在乎与海外教会或其他基金会联系，至于服务的行政效率则被忽视了。到了70年代，志愿机构都必须依赖政府的资助，政府对于接受资助的服务的推行方法、服务对象及服务人数等，均有较明确的规定。"（周永新，1991：71~72）

来自政府不断扩大的资助以及社会服务需求的迅速增加，为香港社会服务机构在20世纪七八十年代的快速发展创造了条件（Tang, 1998）。同时，来自海外慈善捐助的减少以及来自港英政府持续稳定的财政资助，使得香港社会福利机构逐渐形成了以政府财政资助为主，以象征性收费、无须供款和慈善捐助为辅的经费模式（陈国康，2011）。伴随政府资助范围的扩大及其与第三部门合作的深化，香港的NPO取得了长足的发展，不仅机构数目和规模大增，其服务水平也不断提高。在以后的几十年间，香港的NPO与政府逐步结成社会伙伴关系，在社会福利和贫困治理等领域密切开展合作，从而成为包括贫困治理、社会福利等在内的社会民生建设领域的一支不可替代的力量。例如，香港在1991年发布的《跨越九十年代香港社会福利白皮书》中指出，"（香港）社会福利的未来发展，实有赖维持一个具有活力及不断进取的志愿福利界，与政府精诚合作，共同提供社会福利服务"。

目前，由NPO提供的社会服务范围几乎涉及社会生活的各个方面，服务对象涵盖老人、儿童及青少年、失业者、在职低收入者、残障人士、新移民、少数族裔和妇女等。在这些服务机构中，最引人注目的当属慈善团体。香港慈善团体的发展具有悠久的历史。在早期，港英政府在济贫领域基本持放任自流的态度，当时的济贫事业主要依靠华人或教会兴办的慈善团体及志愿组织来运作，这在一定程度上为慈善团体的发展创造了空间。在西方宗教思想和中国传统文化的共同影响下，香港形成了一种浓厚的慈善文化，如重视社会关怀、鼓励好善乐施、强调社会互助，这种文化已经深入社会各个阶层，成为社会生活不可或缺的一部分。这种慈善文化为香港慈善团体的发展创造了良好的"文化土壤"，香港因而赢得了"慈善之都"的美誉，香港人也被誉为"世界上最慷慨的慈善人口之一"。

早在2004年，香港获得认可的免税慈善团体就有近4000个，其中影响较大的有东华三院、保良局、香港红十字会、香港明爱和香港乐施会等。香港慈善团体的发展逐渐超过了本港的范围，它们走出香港，把关注的目光投向全世界。例如，2004年底印度洋海啸灾难过后，短短半个月，香港捐出近7亿元善款，平均每个人捐出100元，成为全球单一捐出最多善款的城市。2010年，香港被豁免税项的慈善机构或信托基金数量达到6380个，2016年增加到8831个（《被豁免税项的慈善机构或信托基金数目》，2018）。2015年，香港私人慈善捐款占本地地区生产总值的比重达到0.47%，当年香港地区生产总值总量为23984亿元，私人慈善捐款达到了113亿元（香港特别行政区政府统计处，2017a：98；《私人慈善捐款占本地生产总值之百分比》，2018）。

进入21世纪后，由于面临与日俱增的贫困问题压力，单独依靠政府力量难以满足贫困治理的需要，政府越来越强调政府、商界和非政府机构的"三方合作"，通过鼓励社会参与、推动公私营机构合作，共同协助广大贫困群体。所谓"三方合作"是指"公营部门（政府）、私营机构（商界）和第三部门的代表携手协力，达致共同及共融的目标，为香港的共同利益作出贡献"（思汇政策研究所，2005：16）。在合作过程中，政府负责政策制定、提供资金支持、实施服务监管，商界尽力创造就业机会、提供在职培训、举办慈善事业，非政府机构在政府的资金支持和服务监管下，提供更优质的社会服务，从而形成了一种"官民合作、官督民营"的社会服务运行模式。三方紧密合作，构建"社会伙伴关系"，运用社会资本，共同改善贫困问题。

在这种合作机制下，香港NPO广泛参与政府推出的各种扶贫和社会服务计划，其中，目前运作比较成功的是"社区投资共享基金"。2001年，政府动用3亿元拨款成立"社区投资共享基金"，基金由传统社会服务模式改为现代社会投资模式，其目的在于：①推动社区参与，鼓励市民守望相助、互相支持，从而加强社区网络，增加社区居民的社会资本；②鼓励政府、商界和 NPO 跨界别、跨部门的合作，以建立社会资本、推进社区支援计划。经过十余年的发展，社区投资共享基金及其资助计划取得了明显的成效。由香港大学、香港城市大学、香港理工大学等有关研究机构组成的七支研究队伍对"社区投资共享基金"的实施情况进行了评估研究，研究发现，NPO 的参与在贫困治理方面发挥了重要的作用：鼓励社区贫困成员自力更生，建立了许多社区支持网络，推动邻舍之间守望相助，帮助弱势社群积极投入劳动力市场或开拓就业机会；许多机构成功地融入了目标社区，并且建立了良好的声誉，他们能运用现有的社区网络和资源，强化社区的社交联系，促进弱势社群内部以及与外部机构的联系（社区投资共享基金联校研究及评估报告，2006）。

除了"社区投资共享基金"外，香港的 NPO 还参与了许多其他的扶贫和社会服务计划等。例如，从 2003 年 6 月起，通过政府、商界和非政府机构的"三方合作"，社会福利署推行"深入就业援助计划"。许多 NPO 参与了该计划，它们在政府的资助下协助有就业能力的综援受助人和失业的"准综援受助人"就业。由于成效显著，特区政府于 2006 年追加拨款 6000 万元，延长"深入就业援助计划"，协助失业综援人士重新就业。此外，NPO 还积极参与香港的"自力更生综合就业援助计划"①，该计划由香港社会福利署委托非政府组织营运，为健全综援受助人提供一站式综合就业援助服务，帮助他们提升就业技能、克服就业障碍，尽早重返劳动力市场。

目前受社会福利署委托营运"自力更生综合就业援助计划"的非政府组织共有 26 家，他们提供的服务包括：定期与服务使用者会谈并提供就业建议；协助服务使用者订立个人求职计划并定期做出检讨；协助服务用户取得最新的劳工市场信息及安排就业选配；通过社工服务加强对服务使用者的支持；评估服务使用者的需要并提供个人化及针对性的就业援助服务；评估服务使用者的

---

① 根据该计划，综援申请人须寻找每月工作时数不低于 120 小时及收入不低于社会福利署所定标准的有薪工作，其中最年幼子女年龄介于 12 岁至 14 岁的综援单亲家长和儿童照顾者须寻找每月工作时数不少于 32 小时的有薪工作，参见自力更生综合就业援助计划，http://www.swd.gov.hk/sc/index/site_pubsvc/page_socsecu/sub_supportfor/。

需要以安排他们接受其他合适的就业援助服务及考虑转介服务使用者接受福利服务；向成功就业的服务使用者提供最少三个月的就业后支持服务，鼓励服务使用者持续工作（香港社会福利署，2017）。2014年香港"关爱基金"推出"进一步鼓励'自力更生综合就业援助计划'综援受助人就业的奖励计划"，委托营运"自力更生综合就业援助计划"的非政府组织协助推行奖励计划，旨在以奖励金额提供诱因，进一步鼓励健全的综援受助人就业，尽展所能，并促使他们尽快摆脱综援救助而实现自力更生。①

2005年3月，特区政府划拨2亿元财政资金成立"携手扶弱基金"，以推动政府、商界和社会福利界发展三方"社会伙伴关系"，希望通过"三方合作"，建立社会资本，加强社会凝聚力，共同扶持广大弱势群体。为进一步鼓励官商民三方合作、加大扶持弱势社群的力度，特区政府先后于2010年、2015年向"携手扶弱基金"注资2亿元、4亿元，其中2亿元为专款专用，为基层家庭中小学生推行更多课余学习及支援项目。2017年香港特别行政区第五任行政长官林郑月娥在《2017年施政报告》中宣布向"携手扶弱基金"新注资4亿元，以持续鼓励政府、商界和第三部门加强三方合作，共同扶助弱势群体。受社会福利署委托，香港理工大学应用社会科学系第三部门研究中心于2007年、2008年分别开展了"携手扶弱基金资助计划中的民商协作评估研究""携手扶弱基金评估研究"，研究发现，大部分受携手扶弱基金资助的项目都建立了包括NPO与企业、NPO与政府部门等在内的策略性伙伴关系，基金在推动官商民三方合作以及扶助弱势社群方面发挥了显著的作用，不仅能够为NPO带来政府和企业的财政支援以及其他社会资源，帮助社会福利机构拓展了社会网络，也为弱势群体参与经济、融入社会提供了有力的社会支持（香港理工大学应用社会科学系第三部门研究中心，2008；2012）。

---

① 根据这项奖励，如果综援受助人每月工作时数不少于120小时及收入高于4200元，他们除可受惠于现行的豁免计算入息安排外，还可将其每月超过豁免计算入息限额的入息累计起来，而当累积到目标奖励金额（即其家庭资产限额的两倍）时，关爱基金会做等额拨款，让他们可一笔获得全数目标奖励金额，并脱离综援网。参见进一步鼓励"自力更生综合就业援助计划"综援受助人就业的奖励计划，http://www.swd.gov.hk/tc/index_site_pubsvc/page_socsecu/sub_supportfor/。

在 2006~2007 年度的《财政预算案》中，香港特区财政司预留 1.5 亿元作为基金，推出"伙伴倡自强"社区协作计划，其目的是加强以地区为本的扶贫工作，与 NPO 建立合作伙伴关系，协助社会上的弱势社群自力更生。成立后的第一年，该计划共审核和支持首批共 15 份申请，拨款 1300 万元，这些计划在深水埗、观塘、天水围和东涌等地区推行。这些申请被通过的 NPO 在获得拨款后开始推行其社区协作计划，从而为弱势社群创造就业机会。[①] 2017 年 12 月，"伙伴倡自强"社区协作计划营运的社会企业有 130 余家，覆盖饮食业及食品制作、零售业、装修及家居服务、种植及旅游、环保及二手店服务、个人及美容服务、商业及支援服务、艺术表演及学习坊等日常生活的各个领域（《"伙伴倡自强"营运社企一览表》，2018）。

总之，香港的 NPO 已成为香港贫困治理的一支不可或缺的力量，它们不仅动员各种资源开展个性化、多元化的扶贫开发及社会服务，还直接参与特区政府制定的各种扶贫开发及社会服务计划并在其中发挥不可替代的作用。从直接服务看，NPO 在香港福利服务供给中发挥了重要作用，除"综援"和紧急救助等部分福利服务外，社会组织提供全港 90% 以上的社会福利服务，其雇用的社会工作人员占全部社会工作人员的 80%。2012 年，香港注册社会组织数超过 30000 个，每万人拥有社会组织数超过 40 个，社会组织在福利服务供给中发挥了非常重要的作用。经过几十年的发展，香港的 NPO 逐渐形成了一套成熟的贫困治理模式，如在治理主体上更加重视政府、商界与非政府机构之间的三方合作，在治理方式上由单纯强调收入援助的传统社会服务模式改向重视资产和能力建设的社会投资模式，在治理向度上更加强调基层居民自下而上的参与等。它们积极广泛地介入包括扶贫开发及其社会服务在内的社会民生建设领域并在其中发挥越来越重要的作用。

四 对改善贫困治理结构的启示

香港扶贫开发特别强调政府、企业界和 NPO 之间的"三方合作"，通过鼓

---

① 香港扶贫委员会资料文件第 21/2006 号《"伙伴倡自强"社区协作计划：最新情况》。

励社会参与、推动公私营机构合作，发动社会各界共同协助广大贫困群体。在合作过程中，政府负责政策制定、提供资金支持、实施服务监管，企业界创造就业机会、提供在职培训、举办慈善事业，NPO 在政府的资金支持和服务监管下，提供更优质的社会服务，从而形成了一种"官民合作、官督民营"的社会服务运行模式（思汇政策研究所，2005：16）。在香港社会福利服务领域，政府与第三部门已经形成了成熟的、制度化的合作伙伴关系，这一关系体现在以下几个方面（陈瑞莲、汪永成，2009：258～261）：①资源共享，政府对第三部门开展经费资助，在资金和政策上支持 NPO 提供社会福利服务，NPO 向政府反馈社会服务需求；②业务互补，政府与第三部门在福利服务中进行分工合作，互相弥补对方业务之不足，例如，NPO 重点承担专业性较强或者政府无力承担的社会福利服务，政府重点开展政策性较强或者不适合第三部门提供的社会福利服务；③决策互动，政府在决策过程中咨询第三部门的意见，第三部门积极参与政府决策过程，表达利益需求。

从 20 世纪末开始，中国政府日益重视企业界、NPO 和国际援助机构在扶贫开发中的作用，并在一些地区试行官商民合作，由多边机构共同参与扶贫开发项目。2001 年 5 月，中央扶贫开发工作会议制定并发布了《中国农村扶贫开发纲要（2001～2010）》[①]，会议第一次提出要鼓励和引导企业界、NGO 参与和执行政府扶贫开发项目。以这次会议为标志，中国的扶贫开发进入了一个新的阶段（中国社区主导发展，2007）。但是，上述贫困治理转变主要发生在农村扶贫，政府绝对主导的救助式城市扶贫体制并未发生实质性改变（王国良，2005：307）。这一体制由政府全面主导，采取官办的形式，资金主要来源于政府财政拨款或补贴，强调对城市贫困人口的基本生活保障。虽然在政策制定层面，"政府主导，社会参与"是城市扶贫的重要策略，但在实际操作层面，"社会参与"往往停留于动员热心人士捐款捐物，而未能看到"社会参与"的真正力量源于公民制度化参与和社会组织协同化善治所带来的政策创新，由此导致的一个制度后果是扶贫政策习惯于国家大包大揽，公民参与性与

[①] 这是继"八七计划"后又一个指导全国扶贫开发的纲领性文件，它对中国 21 世纪初的扶贫战略做了全面规划。

贫困者的主体性未受到充分关注（刘敏，2013）。贫困不仅指收入与资产不足，更是遭受了社会孤立，要从根本上减贫，必须基于公私伙伴关系，系统推行综合的经济社会政策（威廉·朱利叶斯·威尔逊，2007：85）。面对日益复杂的城市贫困问题，面对贫困人口"脱贫"缓慢甚至"返贫"频发的现象，有必要适时调整城市扶贫政策，超越政府绝对主导的救助式扶贫政策，发展政府、市场与社会三方合作的参与式扶贫政策。

香港NPO参与扶贫对内地扶贫工作具有很多启发意义，例如，培育慈善文化，发展公益慈善组织；加强行业自律，提升慈善行业公信力；完善治理结构，构建扶贫伙伴关系等（赵佳佳、韩广富，2016）。香港NPO参与扶贫的经验表明，扶贫创新的关键是推动政府、企业界与NPO三方合作，构建"政府+市场+社会"的大扶贫格局。一方面要大力发展政府、企业与社会组织之间的合作关系，整合官商民三方资源共同扶助贫困群体。根据发达国家的经验，在公共服务供给中政府要强化"掌舵"而非"划桨"的角色，广泛应用PPP模式，推动政府和社会资本的合作，从而提升公共服务的效率、创新性及专业化水平（E. S. 萨瓦斯，2015）。内地可以借鉴香港扶贫开发"官商民三方合作"的经验，其中，政府主要负责政策规划、提供资金支持和实施服务监管；企业界重点为贫困社群创造就业机会，提供在职培训并举办慈善事业；NPO努力为贫困社群提供优质、专业的社会服务。为此，政府既要为慈善公益类社会组织和社会工作人才的发展创造更好的政策条件，也要广泛吸纳社会组织参与社会政策制定过程，特别是在涉及机构的服务提供、服务购买指标、岗位设定、评估标准制定等方面更好地听取社会组织的意见（岳经纶、温卓毅，2012）。另一方面，要从制度上激活贫困者的内生潜力，将其视为发展的主体和合作伙伴，促进其在经济、政治和社会活动中的参与，推动从"输血式扶贫"向"造血式扶贫"转变，从而实现可持续的脱贫。总之，新的扶贫政策有赖于改善治理结构，加强政府、企业和NPO三方合作，"群策群力促进助贫型的可持续性发展、社会进步和良好的治理机制"（亚洲开发银行，2004）。

第九章
结论与启示：丰裕社会的贫困与治理*

丰裕社会由于发展阶段和水平更高，其贫困问题的形式、性质、成因乃至扶贫策略，与欠发达社会的传统贫困问题存在显著差异。香港的贫困问题深刻体现了丰裕社会贫困问题的性质和特点：在形式上以相对性贫困为主，在分布上具有集中性贫困特征，在成因上属于结构性贫困，在扶贫策略上侧重存量式扶贫。香港的经验表明，要坚持增量扶贫与存量扶贫、政府扶贫与社会扶贫、外延扶贫与内涵扶贫相结合，促进包容性经济增长和益贫式社会发展，推动扶贫开发从事后补救到事前预防、从贫困救助到社会投资、从维持生计到促进可持续发展的转变。本章从表现形式、分布特点、社会成因、政策范式四个方面总结丰裕社会贫困问题的性质和特点，在此基础上探讨香港扶贫的经验及教训对于内地治理丰裕社会贫困问题的启示意义。

一 贫困的表现形式：相对性贫困

从表现形式上看，贫困有绝对性贫困与相对性贫困之分：前者是指贫困者的生活水平难以维持最基本的生存条件，这是落后国家和地区贫困问题的主要形式，一般采用绝对贫困线标准来度量，即以维持基本生存所需的收入或消费

---

* 本章主要内容系笔者所主持的2015年教育部人文社会科学研究项目"社会资本导向型扶贫模式及其政策应用研究"（15YJC840020）的阶段性成果，原文曾以论文的形式发表，载入本书时进行了调整和修改，原文参见刘敏，2017，《丰裕社会的贫困问题及其治理：香港的经验与教训》，《社会政策研究》第6期，被人大复印资料《社会工作》2018年第4期全文转载。

支出作为贫困线；后者是指贫困者的生活水平低于社会平均水平，这是丰裕社会贫困问题的主要形式，一般采用相对贫困线标准，以社会平均或中位收入的一定比例作为贫困线，常见方法是国际贫困线标准，即以社会平均或中位收入的50%作为贫困线。

对于丰裕社会来说，贫困不仅指衣不遮体、食不果腹的绝对贫困，更是指收入不公、相对剥夺意义上的相对贫困。香港贫困问题主要是一个相对性概念，更多是指收入分配不公、贫富悬殊意义上的相对贫困问题。对此，香港学者周永新指出："贫穷在香港应是一个相对性的观念，香港有富人也有穷人，这是相对而言。"（周永新，1982：13）一方面，因为香港的贫困问题建基于较高的经济发展水平和社会收入水平，加之香港在教育、医疗、住房、社会保障等方面建立了比较完善的社会安全网，所以香港的穷人大体能够维持基本生活，一般不至于衣不遮体、食不果腹。另一方面，因为香港的贫困问题具有贫富悬殊和相对剥夺的特点，加之香港高收入、高物价、高消费的实际情况，所以收入水平低于看似标准较高的贫困线的港人日子并不一定好过，许多人面临生活窘迫、生计艰难的困境。

在经济快速发展过程中出现相对贫困问题恶化，这非香港独有的现象，香港相对贫困问题的独特之处在于其贫富差距之大、持续时间之长，不仅是"亚洲四小龙"所独有，亦属全球发达经济体所罕见。美国经济学家库兹涅茨提出了著名的"倒U曲线"假设：收入分配在"经济增长早期阶段迅速扩大，尔后是短暂的稳定，然后在增长的后期阶段逐渐缩小"（Kuznets, S., 1955：18）。耐人寻味的是，香港的收入分配在经济发展过程中并未出现"倒U曲线"所预测的"先恶化，后改进"，而是呈现"长时期持续恶化"的特点。在20世纪70年代以来近半个世纪的时间里，香港的贫富悬殊在经济快速发展过程中不仅未得到有效缓解，反而不断恶化，这种情况在同等经济水平的地区极为罕见。这座国际大都市甚至被人戏称为"富人的天堂，穷人的地狱"。从图9-1可见，最近40余年来，香港基尼系数始终水涨船高、居高不下。根据联合国开发计划署多次发布的人类发展报告，香港是全球经济发达体中贫富差距最大的地区，也是全球贫富悬殊最为严重的地区之一。

对于香港存在的严重的相对贫困问题，香港社会有人提出"社会两极化"

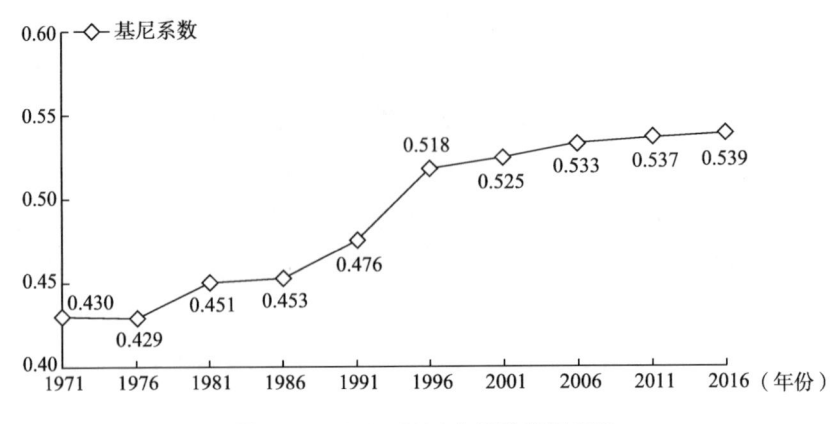

图 9-1　1971~2016 年香港基尼系数

和"M形社会"的观点,认为香港社会结构正朝"中间收窄,上下两极扩大"的两极化方向转变,即中产阶级人数减少、上层阶级和底层阶级人数增加,社会结构由"橄榄形"向"漏斗形"转变,如果继续放任自流,很容易形成贫富对立的"双层社会"(刘兆佳等,2006:3~34)。因为香港的贫困问题具有贫富悬殊和相对剥夺的特点,包括失业者、低收入者、单亲家庭人士、少数族裔和新来港人士等在内的相当一部分人处于弱势地位,他们虽然不一定都生活在贫困线以下或处于"显性"贫困状态,却在经济、政治和社会等层面遭受不同程度的排斥,处于相对或"隐性"贫困状态。由于香港高收入、高物价、高消费的实际情况,收入水平低于看似标准较高的贫困线的港人虽不至于食不果腹、衣不遮体,但生活并不宽裕,不少人面临生活窘迫、生计艰难的困境。根据香港乐施会在 2011 年开展的一项针对 600 个贫困家庭的问卷调查,有44.6%的家庭无法负担营养均衡的膳食,40.5%的家庭担心在有钱购买食物之前食物已经吃完;在有儿童的贫困家庭中,45.9%的家庭面临粮食保障不足的问题,其中,15.9%的家庭处于"粮食保障极度不足"的问题,甚至因没有钱购买足够粮食而陷入忍饥挨饿的境地;30.0%的家庭处于"粮食保障低度不足"的状态(香港乐施会,2011)。

实际上,相比绝对贫困问题,相对贫困问题更加棘手、更难克服。这是因为绝对贫困问题可以解决,只要经济社会发展到一定程度,广大赤贫者得以脱贫实现温饱乃至小康时,绝对贫困便迎刃而解;相对贫困问题却无法根治,但凡根据社会平均生活水平来界定贫困，总会有一部分人生活在相对贫困线以下。相对贫困无法根治，却可以缓解，政府通过经济社会政策的有效调节，使相对贫困者能够同步分享经济社会发展的成果，不断改善生活水平，从而把相对贫困控制在一定的合理范围之内。反之，如果缺乏合理的经济社会政策和必要的收入再分配机制，发展成果无法惠及社会底层，那么相对贫困就会不断恶化，甚至向绝对贫困转化，最终走向贫富两极分化，从而形成一个贫困再生产的底层阶级（underclass）。

二 贫困的分布特点：集中性贫困

从贫困的分布特点看，贫困有分散性贫困与集中性贫困之分：前者是指贫困大面积地分布于社会不同的群体、弥散在社会不同的地区，表现出大面积普遍性贫困的特点，例如改革开放前中国内地的贫困问题；后者是指贫困明显集中于少数特定的弱势群体、特定的贫困区域，客观上形成了贫困人口集中的贫困地带，表现出局部性集中化贫困的特点，例如美国的内城贫困问题，以及巴西、印度、墨西哥等国家大面积存在的贫民窟。香港的贫困问题属于典型的集中性贫困，表现为人口与空间的集中分布。

首先是人口的集中性分布。香港贫困人口显著集中于两类群体。一是老人、病患和残疾人等生理性弱势群体，多具有高龄、多病、伤残的特征，其中尤以老人贫困问题突出。二是失业、低收入、从事非经济活动者、单亲、新移民等社会性弱势群体，多具有低学历、低技术、低收入的特征，尤以失业贫困问题突出。表9-1表明，2016年，除综援家庭外，香港社会贫困率最高的是失业家庭，初始和实际贫困率分别高达79.4%、69.8%，实际贫困率远高于综援家庭；第二是非经济活动家庭，初始和实际贫困率分别达77.3%、59.2%；第三是长者家庭，初始和实际贫困率分别达70.5%、48.8%。此外，单亲家庭、新移民家庭的初始贫困率分别达到47.1%、36.5%，实际贫困率分别为34.4%、30.1%，均远高于社会总体贫困率。

从图9-2可见，截至2015年3月底，香港共有综援个案251099宗，其中，年老个案占59.2%，伤残个案（即永久性残疾和健康欠佳个案）占17.2%，年

表 9-1　2016 年不同类别家庭的初次和实际贫困率

单位：%

家庭类别	初次贫困率	实际贫困率
综援家庭	96.6	43.2
失业家庭	79.4	69.8
非从事经济活动家庭	77.3	59.2
长者家庭	70.5	48.8
单亲家庭	47.1	34.4
新移民家庭	36.5	30.1
社会平均	19.9	14.7

数据来源：香港扶贫委员会，《2016 年香港贫穷情况报告》，第 72 页。

老和伤残两类个案合计占综援个案总数的 76.4%；单亲个案占 11.7%，失业个案占 7.2%，低收入个案占 2.9%，单亲、失业、低收入三类个案合计占综援个案总数的 21.8%。这说明，综援个案主要集中于高龄者、伤残者、多病者等生理性弱势群体以及单亲、失业、低收入等社会性弱势群体。

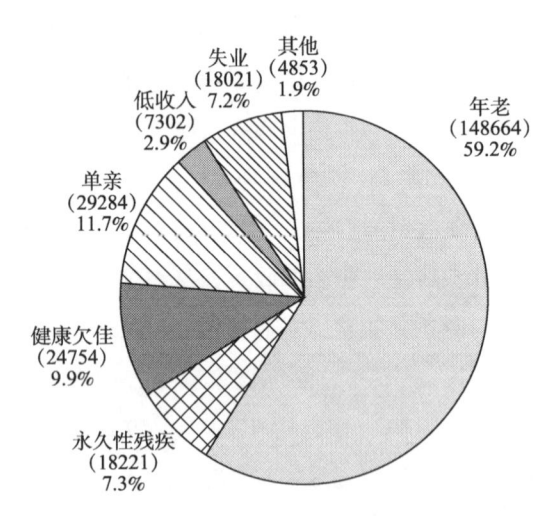

图 9-2　截至 2015 年 3 月 31 日的综援个案数量（各类综援个案占综援个案总数的百分比）

资料来源：香港社会福利署，《社会福利署回顾 2013－2014 及 2014－2015》，第 13 页。

其次是空间的集中性分布。香港的贫困人口主要集中于深水埗、葵青、观塘、黄大仙、北区、元朗、屯门，上述地区的初始贫困人口合计 75.12 万人，占全港 18 个地区初始贫困人口总数的 56.7%。截至 2016 年底，上述 7 个地区公租屋、公租屋住户、住户人口总数分别达 51.78 万套、50.76 万户、139.74 万人，分别占到香港公租屋、公租屋住户、住户人口总数的 67.70%、67.58%、67.06%（香港房屋委员会，2016：1）。由于历史发展、经济转型、产业转移等多重复杂的原因，香港的深水埗、葵青、观塘等地区成为贫困人口的聚集区，贫困率高、贫困群体规模大且分布广泛、脱贫难度大，是这些地区贫困问题的基本特征。

美国著名学者威尔逊以美国内城贫困聚居区分析了贫困的集中化效应（concentration effects）：伴随美国的经济转型和城市郊区化发展，制造业及其大量就业机会从中心城市外迁，内城区的中产阶级大量迁往郊区，城市内城区沦为贫困人口尤其是黑人贫困人口聚居区，最终产生了城市贫困在人口与空间上的"集中化效应"，不仅在地理空间上隔离了城市贫民，也在心理、社会和文化上孤立了他们，威尔逊称之为"社会孤立"（social isolation）——"缺乏与代表主流社会的个人和制度的联系或持续互动……强化了生活在高度集中的贫困区域的效应"（威廉·朱利叶斯·威尔逊，2007：84~85）。虽然香港贫困问题与美国内城区的贫困问题具有明显的差异，但二者在产生原因与表现形式等方面具有诸多相似之处：都属于在经济快速发展过程中出现的结构性贫困，经济转型、产业转移、社会不平等是导致贫困问题积重难返的深层原因；都具有丰裕与贫困的双重性，在经济高速发展的同时却遭受贫富悬殊扩大的"阵痛"，富裕阶层享受社会繁荣和富庶的成果，贫弱者却在贫困的陷阱中苦苦挣扎；都呈现集中性贫困，贫困人口在空间上的高度集中，客观上产生了底层阶级（underclass），形成了贫困的集中化效应；都具有社会孤立的特点，贫困社群在经济、政治、社会等方面遭受了不同程度上的社会排斥，仅靠贫困者个人努力很难实现可持续脱贫。

总之，丰裕社会的集中性贫困与欠发达社会的普遍性贫困有根本区别：前者属于整体性富裕可以避免的局部性贫困，往往是产业变迁、经济转型和社会两极化的副产品，伴随社会空间的隔离和社区居民的集体贫困；后者属于整体性贫困中必然出现的普遍性贫困，大多是经济发展水平低、社会发展程度不高的产物。英国学者查理斯沃斯（Simon J. Charlesworth）在《工人阶级经验的现象学研究》一书中很形象地描述了英国一个老工业区罗瑟勒姆镇（Rotherham）在去工业化过程中走向集体贫困的状况："小镇就像一个死城，街道破落杂乱，工人失业，商业萧条，工人无所事事，整日在大街上酗酒，生活没有希望，年轻工人找不到工作，成群在大街上闲逛，犯罪率高升，教育落后，生活贫困，工人精神萎靡。"（Charlesworth，1999）萧条破败的罗瑟勒姆镇是丰裕社会集中性贫困社区的一个缩影。要解决这种集中性贫困问题，单靠经济增长或扶贫开发都不能"药到病除"，必须采取威尔逊在《真正的穷人：内城区、底层阶级和公共政策》中所称的普遍性"一揽子"改革计划，通过宏观经济政策、就业和劳动力市场策略、人力培训计划、收入再分配改革、社会福利制度等领域的综合改革，改革不平等的经济制度与社会结构，从源头上铲除贫困滋生的土壤。例如，美国著名学者普特南认为，由政府出资补贴，推动高收入和低收入家庭的社区杂居，有助于突破居住隔离和阶级鸿沟，缓解贫困的再生产（罗伯特·普特南，2017：282~288）。

三 贫困的社会成因：结构性贫困

贫困的成因极其复杂，有贫困者个人原因，也有社会原因。从贫困的社会原因看，贫困有发展性贫困和结构性贫困之分：前者是指经济社会发展程度不高、发展水平不足导致的贫困问题，例如，改革开放以前中国内地的大面积普遍性贫困的根本原因是经济落后、社会发展程度低；后者是指不平等的经济社会结构或不合理的社会制度导致的贫困问题。香港的贫困问题在很大程度上属于结构性贫困，是在快速发展过程中由于经济社会转型以及不平等的社会结构和不合理的社会制度造成的，与一些发展中国家因经济落后或发展程度不高而出现的发展性贫困有根本的不同。结构性贫困是社会结构与社会制度不合理导致的贫困，按照美国著名社会学家米尔斯的观点，它不仅是"局部环境的个人困扰"，更是"社会结构中的公共问题"，个人困扰"产生于个体的性格之中——这些困扰与他自身有关，也与他个人所直接了解的有限的生活范围有关"，公共问题"超越了个人局部的环境和内心世界"，反映了社会的共同命运,"往往还包含了制度安排中的某个危机"(赖特·米尔斯,2005:6~7)。①

从一般原因看,香港的结构性贫困问题是20世纪80年代以来经济全球化背景下经济转型和社会变迁的产物。全球化促进了经济发展、社会繁荣和全球一体化,但也带来了发展不均衡和贫富两极分化的问题(世界银行,2009:1~20)。从全球范围来看,贫富差距扩大似乎是全球化和经济发展达到一定阶段后出现的一种普遍现象。西方发达国家在全球化和经济社会转型过程中出现了不平等扩大、贫富两极分化和阶层结构固化的问题(钱志鸿、黄大志,2004;佐藤俊树,2008;安格斯·迪顿,2014:135~136)。中国、印度等新兴经济体国家在经济快速发展中也遭遇了贫富差距迅速扩大的困扰。伴随20世纪80年代以来香港经济结构从制造业到服务业再到知识经济的巨大转型,以及由此导致的制造业外迁、就业机会锐减、人力资源错配、产业结构失衡,香港的失业、低收入、在职贫困等新贫困问题日益突出。在此期间,受人口老龄化、少子化、离婚率上升等人口与家庭结构变迁的影响,香港的老人贫困、单亲家庭贫困不断恶化。

美国学者萨斯基娅·萨森(Saskia Sassen)认为,全球化促进了资本和财富的全球流动并创造了空前的经济繁荣,但也带来了资源集中、贫富悬殊、社会两极化的问题。她提出了"全球城市"(global city)的概念,在对伦敦、东京和纽约等全球城市进行研究后发现,这些全球城市在全球化和经济快速发展过程中都出现了收入分配和职业结构两极化的问题(Sassen, S., 1991)。作为亚太地区重要的"全球城市",香港是全球资本和财富流动的重要集中地,也是国际移民和投资的热门城市,既享受了全球化带来的经济繁荣,也陷入了全球化带来的贫富分化的鸿沟。一些研究发现,自20世纪90年代以来,香港遭遇了收入分配和职业结构两极化的问题(Stephen W. K. Chiu&Tai-lok Lui, 2004)。

从特殊原因看,香港的结构性贫困问题与香港不平等的经济社会制度有很

---

① 米尔斯认为,社会学家的重要使命就是发挥社会学的想象力,密切"关注历史中的社会结构",积极回应各种紧迫的、持续的"个人困扰"和"公共问题",对现实的不合理性展开建设性探究,为建设更加公平合理的社会秩序而努力。

大关系。例如，老人贫困问题极为严重的深层原因是香港缺乏完善的退休养老保障制度；在职和低收入贫困问题与香港缺乏完善的劳工政策以及对劳工权益的保护不够有很大关系；许多中老年劳工、妇女、少数族裔、新移民陷入贫困是香港就业及薪酬制度的不公平造成的。在很大程度上，香港低税制、低福利、低再分配的经济社会制度，是导致香港结构性贫困问题积患成疾的深层原因。自由经济体制是香港经济制度的鲜明特色，也是香港取得巨大成功的关键原因。这种体制以自由贸易、低税率和少政府干预见称，表现为自由主义经济政策、剩余主义社会政策，具有低税制、低福利、低再分配的特点。香港社会一向崇尚自由竞争的原则，认为经济社会资源的分配主要取决于市场的力量，政府在其中要尽可能减少干预。这种重视效率甚于公平、重视自由甚于平等的自由经济体制，不利于社会财富的再分配，不利于缩小贫富差距，不利于维护社会公平（傅小随、李永清，2004：229）。

卡尔·波兰尼指出，自由市场经济可以很好地促进经济发展、增加社会财富，却难以维护社会公平、减少不平等，因而需要自由市场和社会保护的"双重运动"来促进经济效率与社会公平之间的动态平衡（卡尔·波兰尼，2016）。国际经验表明，西方发达国家在自由市场创造丰裕之后更加重视社会保护，在获得经济效率之后更加注重社会公平，这就是波兰尼所说的"双重运动"。西方福利国家的诞生、东亚福利模式的出现，就是上述规律的体现。例如，英国在20世纪50年代初实现了向福利国家的起飞，日本在20世纪70年代中期实现了向福利社会的起飞，韩国在20世纪90年代后半期实现了福利快速增长（武川正吾，2011：211~218）。但是，香港在经济发展到一定阶段、进入丰裕社会之后，并未像西方福利国家一样，及时向社会保护模式切换，而是长期奉行"积极的不干预主义"，坚持"低税制、低福利、高发展"的发展道路，客观上造成"自由胜于平等，效率优于公平"的局面。"这种自由港政策和'积极不干预'政策，对于地域狭小、自然资源和人力资源奇缺的岛屿经济来说至关重要。它吸引了货物、资金、人才的源源涌入，使香港成为世界上赚钱谋利的好地方，促进了香港经济的繁荣。"（刘曼容，2009：413）所谓"成也萧何，败也萧何"，这种自由经济体制既培育了香港今日的繁荣和富庶，也为贫富悬殊和两极分化埋下了伏笔。在很大程度上，香港的自由经济体制和商业社会特质结下了丰裕的果实,也孕育了贫困的苦果。

四 扶贫的政策范式:存量式扶贫

根据庇古的福利经济学理论,国民经济福利多寡,取决于国民收入的增量发展和存量分配,即收入总量愈大、分配愈平等,经济福利就愈大(庇古,2007)。从这个意义上说,在政策范式上,扶贫有增量式扶贫和存量式扶贫之分:前者是指主要通过增量发展、促进经济可持续增长、用好经济政策的方式进行扶贫开发,常见方式如招商引资、扩大投资、产业扶贫、落后地区开发、创造就业机会;后者是指主要通过存量分配、促进社会收入再分配、用好社会政策的方式进行扶贫开发,常见方式如完善扶贫、教育、医疗、住房、社会保障等社会政策。当然,增量式扶贫和存量式扶贫很难截然分开,客观上存在"你中有我,我中有你"的关系,但作为政策研究的一种"理想类型",二者的区别是显而易见的。

大体而言,经济发展的起飞阶段以及发展中国家多采用增量式扶贫,经济发展的成熟阶段以及发达国家多采用存量式扶贫,其主要原因有二:一是发展阶段的特点决定了扶贫策略,经济起飞阶段以及发展中国家因主要面临发展性贫困问题而需要增量式扶贫,经济成熟阶段以及发达国家因主要面临结构性贫困问题而需要存量式扶贫;二是贫困问题的性质决定了扶贫策略,增量发展可以解决绝对性和发展性贫困,却无法解决相对性和结构性贫困,随着经济向更高阶段发展,增量式扶贫的边际效益会递减,存量式扶贫的边际效益会递增。因此经济发展与社会转型需要从增量式扶贫向存量式扶贫转变,在增量发展之后更加注重存量分配、在获得经济效率之后更加注重社会公平。香港历来重增量发展而轻存量分配、重经济效率而轻社会公平,这是其贫富悬殊的深层原因。

在相当长的一段历史时期内,香港主要采取的是增量式扶贫政策,即主要是通过经济增长和市场经济的"涓滴效应"惠及普通民众,通过做大"经济蛋糕"和扩大社会收入总量来改善贫困者的经济福利。这表现为香港长期奉行自由主义经济政策和剩余主义社会政策,维持低水平的公共支出和福利供给，不注重通过税收等收入再分配机制调节财富分配。由此导致的直接后果就是，在20世纪60年代以来长达半个多世纪的时间里，香港在经济快速增长、社会财富不断增加的同时，其贫富悬殊和贫困问题不仅未得到有效缓解，反而不断恶化，以致出现了这样一种现象：一边是经济快速发展、"经济蛋糕"越做越大，另一边是收入分配持续恶化、贫富差距越来越大。实践表明，香港增量发展模式在经济效率方面举世瞩目，在社会公平方面却乏善可陈。面对贫富分化的严峻现实，近年来香港社会开始反思传统政策的弊病，更加重视存量式扶贫和社会政策的调节作用，这集中体现在如下三个方面。

一是完善扶贫、教育、公屋、劳工、社会保障等社会政策，夯实社会安全网。加强社会救助，提高救助水平，2011年成立关爱基金，为尚未被纳入社会安全网或已被纳入社会安全网但仍急需特殊照顾的经济困难人士提供社会救助；从2011年起，先后推出鼓励就业交通津贴、长者生活津贴、低收入在职家人员庭津贴，扩大综援家庭津贴的覆盖范围，既夯实对老弱病残幼等丧失或缺乏劳动能力的贫困者的兜底性保障，也加强对适龄健全和具有劳动能力的贫困者的开发式扶贫。健全扶贫组织机构，建立贫困线制度，2012年成立新的扶贫委员会，首次由政务司司长担任委员会主席，加强对扶贫工作的统筹协调。2013年首次制定官方贫困线，每年发布《香港贫穷情况报告》，动态评估香港的贫困状况及扶贫政策成效。扩大教育资助范围，自2017年起对非营利幼儿园实施免费优质幼儿园教育政策，实现了十五年免费义务教育。2012年启动公屋重建计划，2016年恢复"居者有其屋"计划，加强中低收入者住房保障。加强对劳工的权益保护，2010年通过了香港首部《最低工资条例》。不断完善"强制性公积金计划"、多次制定《强积金计划（修订）条例》，更好地保障参保人员的权益。

二是扩大教育、医疗、住房、社会福利等社会支出，发挥再分配的减贫效应。由图9-3可见，2009~2015年，香港的教育、医疗、住房、社会福利等支出分别从582.40亿元、383.87亿元、162.58亿元、404.18亿元，增至791.22亿元、607.74亿元、320.92亿元、650.01亿元，以上社会支出合计年均增长9.10%，其中社会福利支出年均增长16.23%，远高于同期地区生产总值增速（香港特别行政区政府统计处，2015：247；2016：248）。这打破了香港在1987年确定的"公共支出增速不超过本地生产总值的增速"准则,社会支出投入力度可见一斑。2015年,香港社会支出为4621.50亿元,占公共支出的51.28%,这一比重达到了美国、英国和加拿大等西方发达国家的水平(刘敏,2014)。① 再分配的减贫效应已初显成效,在计入恒常现金等再分配效应之后,2009~2014年,香港的实际贫困率从16.0%降至14.3%,实际贫困人口从104.3万人降至96.2万人(香港特别行政区政府,2016:16)。

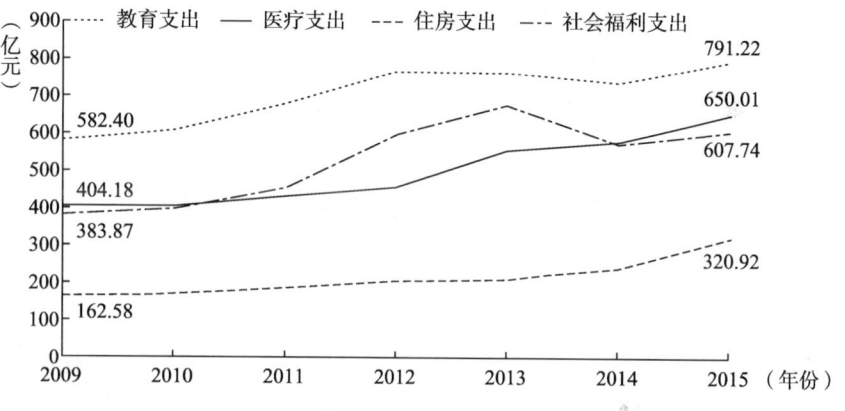

图9-3 2009~2015年香港教育、医疗、住房、社会福利支出

三是创新社会政策模式,完善"政府+市场+社会"的大扶贫格局。近年来香港适应经济转型与社会发展的新形势,借鉴西方发达国家新福利主义、社会投资、资产社会政策、发展型社会政策的经验,在深化官商民三方合作、促进社会投资、扶持社会企业、发展社会资本、加强综合就业援助等方面大力创新政策模式与工具,旨在充分汇聚"政府+市场+社会"跨界别资源,更好地促进人力发展与社会投资,提升个人、家庭和社区的可持续发展能力。例如,发展官商民三方合作,推行"携手扶弱基金",加强公私伙伴关系,共同扶助弱势社群;大力扶持社会企业发展,推行"'伙伴倡自强'社区协作计

---

① 需要特别说明:①OECD发达国家的社会支出并不包括教育支出,考虑到在东亚国家和地区,教育是社会政策的重要组成部分,加之在国内大多数研究中教育支出也被列为社会支出,因此上文所说的社会支出是经过改进后的社会支出,其中包括教育支出;②就社会支出占公共支出的比重而言,香港基本上达到了OECD发达国家的水平,但就社会支出及公共支出占地区生产总值的比重而言,香港与西方发达国家还存在较大的差距,这从一个方面体现了香港低税制、低再分配的自由经济体制的特色。

划"，鼓励社会企业为弱势社群提供社会服务，创造就业机会；推广社会资本发展计划，通过政府、企业和社会组织跨界合作，推行"社区投资共享基金"，提升弱势社群参与经济、融入社会的能力；倡导"工作导向型福利"，完善"自力更生综合就业援助计划"，促进受助人重返劳动力市场；试行资产社会政策，设立儿童发展基金，通过建立个人账务、提供储蓄配额等方式，帮助困难家庭儿童积累资产。总之，新政策更加强调政府、市场、社会之间的公私伙伴关系（Public-Private Partnerships），更加强调穷人的社会参与和能力建设，更加强调社会包容和社会团结，推动政策目标从事后补救到事前预防、从贫困救助到社会投资、从维持生计到促进可持续发展的转变。

五　对治理丰裕社会贫困问题的启示

改革开放以来，中国保持高速经济增长，迅速从一个经济落后国家发展成为经济总量跃居全球第二、人均收入达到中等收入水平的国家，与此同时，中国内地也迅速从一个"平均主义"的社会变为一个贫富差距明显的社会。在迈入丰裕社会的过程中，中国内地的绝对性、分散性、发展性的传统贫困问题得到有效克服，相对性、集中性、结构性等新型贫困问题却逐渐凸显。丰裕社会的贫困问题，不仅表现为经济匮乏、能力不足，而且更多地具有相对剥夺、社会排斥的特点。在新的历史起点上，我们要对扶贫政策进行与时俱进的创新，制定更具针对性的精准扶贫政策。香港社会在丰裕与贫困方面的双重性，为中国内地扶贫提供了正反两方面的经验教训。

一方面，香港在社会丰裕的背后长期饱受贫富悬殊问题的困扰，值得内地反思和警醒。香港长期重增量发展而轻存量分配、重经济效率而轻社会公平，由此导致香港成为全球贫富差距最为严重的地区之一。虽然香港近年来加大了扶贫投入的力度，贫困问题不断恶化的趋势得到了一定程度的缓解。但是，一方面由于香港的贫富悬殊问题是"冰冻三尺非一日之寒"，积淀已久成为沉疴痼疾，非短期内可以实质解决；另一方面，香港自由经济体制以及"低税制、低福利、高发展"的发展路线，决定了香港民生福利的可持续增长空间极为有限。因此，未来在相当长的一段时间内，香港还将继续饱受贫富悬殊的困扰,上演丰裕与贫困的双重剧目。香港的教训为我们敲响了警钟:如果重增量发展轻存量分配、重初次分配轻再分配,经济发展不仅不能缓解贫困,反而可能催生不平等的经济、政治和社会结构,从而加剧相对性和结构性贫困问题。诚如瑞典著名经济学家冈纳·缪尔达尔所言,如果政策处理不当,经济增长将促使社会不平等趋于扩大,因此公平正义的社会政策和机会均等的制度环境,对于可持续扶贫至关重要(冈纳·缪尔达尔,2001:21~22)。

另一方面,香港扶贫模式创新的有益经验,值得内地学习和借鉴。面对严峻的贫富悬殊问题,近年来香港明显加大了扶贫开发及其政策投入和创新力度,其中积累了不少值得借鉴的有益经验。

首先是坚持增量扶贫与存量扶贫相结合。香港历来注重增量扶贫,通过促进可持续的经济增长、创造高生产率的经济机会和就业机会,来提升穷人参与经济、融入社会的能力。这种以快速经济增长为核心的增量扶贫策略,带来了绝对贫困的快速缓解,但也引起了相对贫困的不断恶化(John Page,2008:510-542)。近年来香港日益重视存量扶贫的作用,不断完善扶贫、教育、公屋、劳工、社会保障等社会政策,扩大社会支出,强化再分配调节贫富差距的作用。与香港一样,内地亦存在绝对贫困快速缓解、相对贫困不断恶化的问题,也亟须增量扶贫与存量扶贫政策创新。这方面既要加快经济发展,推进增量扶贫,发挥经济增长的"涓滴效应";又要彰显社会公平,用好存量扶贫,发挥社会政策的再分配功能。

国际经验表明,要同时缓解绝对贫困与相对贫困问题,包容性经济增长(inclusive economic growth)和益贫式社会发展(pro-poor social development)至关重要:前者是普惠全民、照顾弱者的增长,后者是增进公平、减少贫困的发展。在这方面,促进高质量可持续的经济增长,创造高生产率的经济机会和机会均等的制度环境,消除市场和制度歧视以及社会排斥,构建公正合理的收入分配机制,都是行之有效的国际经验(世界银行编写组,2003:103~111;庄巨忠,2012:10~15)。

其次是坚持政府扶贫与社会扶贫相结合。香港实行的是"政府+市场+社会"的大扶贫模式,在扶贫开发及社会服务领域,政府主要负责政策规划、资金支持和服务监管,社会组织负责具体策划和提供服务,企业积极参与慈善捐赠和创造就业机会，义工、社工、热心人士等公民力量广泛参与。这种扶贫模式常常引入政府购买服务、政府与社会资本合作等运作方式，又被称为"官商民三方合作模式""公私伙伴关系模式"。"大扶贫"体现了发展型社会政策的优势，即"寻求把多种不同的社会机构（包括市场、社区和国家）动员起来"，将国家强大的资源动员能力与私营部门的高效率以及社会组织对社会公正的关注相结合，更好地发挥国家救助、社会互助与个人自助的协同作用（安东尼·哈尔、詹姆斯·梅志里，2006：191～193）。

虽然"政府主导，社会参与"是内地扶贫开发的重要策略，但"社会参与"往往停留于动员热心人士捐款捐物，而未能形成公民参与和社会创新的可持续力量（刘敏，2013：227）。因此，深化政府、市场、社会三方合作，更好地发挥企业和社会组织的作用，依然是内地扶贫开发亟待解决的重要课题。这方面既要强化政府责任，发挥政府扶贫的主渠道作用，也要注重政府、市场、社会三方合作，发挥国家救助、社会互助与个人自助的协同作用；既要对老弱病残幼等丧失或缺乏劳动能力的贫困者进行兜底性保障，维持其基本生活，也要对适龄健全和具有劳动能力的贫困者进行开发式扶贫，开发其发展潜能。

最后是坚持外延扶贫与内涵扶贫相结合。外延扶贫重在加大扶贫开发投入力度，扩大扶贫、教育、医疗、社会保障等社会支出规模。近年来香港社会支出年均增长近10%，社会支出占公共支出的比重逾50%，这一比重达到西方发达国家的水平。相比之下，中国内地的社会支出占公共支出的比重不到30%，甚至落后于不少发展中国家，因此亟须加大以扶贫开发为重心的民生投入力度，增加社会支出占公共支出的比重。内涵扶贫重在深化扶贫政策创新，提高政策产出绩效。

香港非常重视扶贫开发政策创新及其产出绩效：一方面汲取全球最新经验大胆创新社会政策模式，在社会服务运营、社会资本发展、社会企业扶持、发展型社会政策、社会工作队伍建设等领域形成了独具特色的经验；另一方面重视结果导向，通过严格的监管、成熟的运营及科学的方法对政策产出进行综合评估，确保社会服务的覆盖面、可获得性及服务质素。例如，香港"社区投资共享基金"自2002年成立以来总投入4.32亿元，资助项目323个，参与的伙伴机构达到8900个,建立互助网络2070个,支援家庭3.25万个,惠及60多万人,很好地发挥了"花小钱办大事"的社会投资效果,创造了良好的社会效益。① 内地扶贫存在重外延轻内涵、重投入轻绩效的问题,香港注重政策创新与产出绩效的内涵扶贫模式值得内地借鉴,我们既要加大以改善民生为重心的公共财政投入力度,扩大社会保障和就业、教育、医疗、住房等社会支出规模,为穷人编织更加牢靠的社会安全网;更要强化社会政策的结构优化与模式创新,汲取新福利主义、社会投资、资产社会政策、发展型社会政策的有益经验,促进包容性经济增长和益贫式社会发展,从根本上提升穷人参与经济、融入社会的能力。

总之,我们在汲取先发国家和地区的发展经验时,要避免重蹈他们曾有的覆辙;在享受丰裕社会的繁荣与富庶时,要减轻贫富悬殊和社会两极化的阵痛。相比内地,香港属于先发地区,遭遇丰裕社会的贫困问题更早,应对经验也更为丰富和成熟。治理丰裕社会的贫困问题,内地完全可以借鉴香港就业援助、社会资本发展、社会企业扶持、资产社会政策、社会工作队伍建设等有益经验,深化扶贫开发与社会政策创新,推动扶贫开发从事后补救到事前预防、从贫困救助到社会投资、从维持基本生计到促进可持续发展的转变。

---

① 数据截至2017年9月底,参见香港特区政府社区投资共享基金,《计划成效及表现管理——计划成效小统计》,http://www.ciif.gov.hk/sc/about-ciif/ciif-achievements.html。

参考文献

中文文献

阿马蒂亚·森,2001,《贫困与饥荒》,北京:商务印书馆。

阿马蒂亚·森,2002,《以自由看待发展》,北京:中国人民大学出版社。

〔美〕安东尼·哈尔、詹姆斯·梅志里,2006,《发展型社会政策》,北京:社会科学文献出版社。

〔美〕安格斯·迪顿,2014,《逃离不平等:健康、财富及不平等的起源》,北京:中信出版集团股份有限公司。

Blanca Moreno-Dodson,2006,《全球规模的减贫行动:来自上海全球扶贫大会的启示》,北京:中国财政经济出版社。

〔英〕白尔彬、麦法新,2001,《贫穷和社会保障》,载保罗·惠廷、侯雅文等主编《香港的社会政策》,北京:中国社会科学出版社。

〔英〕保罗·惠廷、侯雅文等,2001a,《了解香港》,载保罗·惠廷、侯雅文等主编《香港的社会政策》,北京:中国社会科学出版社。

〔英〕保罗·惠廷、侯雅文等主编,2001b,《香港的社会政策》北京:中国社会科学出版社。

《被豁免税项的慈善机构或信托基金数目》,2018,香港社会指标网,http://www.socialin-dicators.org.hk/chi/indicators/strength_of_civil_society/3.13。

〔英〕庇古,2007,《福利经济学》,北京:华夏出版社。

Charlesworth, Simon J., 1999, *A phenomenology of working class experience*, Cambridge: Cambridge University Press, 转引自吴清军,2006,《走向集体贫困:一个单位型社区20年的变迁》,《中国与世界观察》第1期。

Cindy F. Malvicini & Anne T. Sweetser,2003,《参与模式》,载亚洲开发银行编

《扶贫与社会发展报告》第 6 号刊。

〔美〕C. 赖特·米尔斯, 2005, 《社会学的想象力》, 北京: 生活·读书·新知三联书店。

〔美〕C. 威廉姆、H. 怀特科等, 2003, 《当今世界的社会福利》, 北京: 法律出版社。

曹芳萍、沈小波, 2011, 《经济增长、财富分配与缓解贫困》, 《现代经济探讨》第 4 期。

曹云华, 1996, 《香港的社会保障制度》, 《社会学研究》第 6 期。

陈国康, 2011, 《中国香港社会福利融资: 回顾与前瞻》, 载岳经纶、郭巍青主编《中国公共政策评论（第 5 卷）》, 上海: 格致出版社。

陈和顺, 2017, 《香港医疗制度的二元体制: 公营与私营医疗服务的介面》, 载佘云楚等著《医学霸权与香港医疗制度》, 香港: 中华书局（香港）有限公司。

陈锦华, 2004a, 《富裕城市中的贫穷》, 载李健正、赵维生等编《新社会政策》, 香港: 香港中文大学出版社。

陈锦华, 2004b, 《社会排斥与包容:"综援养懒人"启示录》, 载陈锦华、王志铮等编《香港社会政策评论》, 香港: 香港中文大学出版社。

陈锦华, 2004c, 《社会政策与社会不公平》, 载李健正、赵维生等编《新社会政策》, 香港: 香港中文大学出版社。

陈锦棠等, 2008, 《香港社会服务评估与审核》, 北京: 北京大学出版社。

陈可焜, 2002, 《谈香港经济转型》, 《特区经济》第 12 期。

陈瑞莲、汪永成, 2009, 《香港特区公共管理模式研究》, 北京: 中国社会科学出版社。

陈诗一, 2014, 《回归后的香港经济发展及展望》, 《东方早报》6 月 10 日。

戴平, 2009, 《香港反思贫富差距过大》, 《环球时报》10 月 27 日。

〔美〕戴维·希普勒, 2015, 《穷忙》, 上海: 上海译文出版社。

邓国胜, 2001, 《NPO 扶贫的行为准则与评估制度》, 北京: 社会科学文献出版社。

邓国胜, 2007, 《民间组织评估体系: 理论、方法与指标体系》, 北京: 北京大学出版社。

都阳、Albert Park，2007，《中国的城市贫困：社会救助及其效应》，《经济研究》第 12 期。

〔美〕E. S. 萨瓦斯，2015，《民营化与 PPP 模式：推动政府和社会资本合作》，北京：中国人民大学出版社。

〔美〕E. S. 萨瓦斯，2002，《民营化与公私部门的伙伴关系》，北京：中国人民大学出版社。

丰华琴，2010，《从混合福利到公共治理——英国个人社会服务的源起与演变》，北京：中国社会科学出版社。

冯国经，1999，《香港面临第三次经济转型》，《信报》11 月 18 日。

冯可立，2004，《香港的社会保障政策：模式的选取》，载李健正、赵维生等编《新社会政策》，香港：香港中文大学出版社。

〔英〕弗兰克·韦尔什，2009，《香港史》，北京：中央编译出版社。

付杰、袁婷、张琦，2016，《香港社会流动研究》，《当代港澳研究》第 1 期。

傅小随、李永清，2004，《香港的公共服务》，深圳：海天出版社。

〔瑞典〕冈纳·缪尔达尔，2001，《亚洲的戏剧：南亚国家贫困问题研究》，北京：首都经济贸易大学出版社。

〔日〕高坂健次，2000，《从社会阶层看战后日本社会变动》，《东南学术》第 2 期。

〔丹麦〕戈斯塔·埃斯平 - 安德森，2010，《转型中的福利国家——全球经济中的国家调整》，北京：商务印书馆。

〔丹麦〕哥斯塔·埃斯平 - 安德森，2010，《福利资本主义的三个世界》，北京：商务印书馆。

贡森、葛延风，2012，《福利体制和社会政策的国际比较》，北京：中国发展出版社。

顾昕，2004，《公民社会发展的法团主义之道——能促型国家与国家和社会的相互赋权》，《浙江学刊》第 6 期。

顾昕，2011，《贫困度量的国际探索与中国贫困线的确定》，《天津社会科学》第 1 期。

国家民间组织管理局，2007，《中国民间组织评估》，北京：中国社会出版社。

国家统计局，2008，《中国统计提要》，http：//www.stats.gov.cn/tjsj/ndsj/。

何汉权、邱国光，2017，《香港青年政策何去何从》，香港：中华书局（香港）有限公司。

洪大用，2002，《城市扶贫：从制度创新到组织创新》，《社会》第3期。

洪大用，2003，《试论改革以来的中国城市扶贫》，《中国人民大学学报》第1期。

洪大用、康晓光，2001，《NPO扶贫行为研究调查报告》，北京：中国经济出版社。

胡联合、胡鞍钢，2007，《贫富差距是如何影响社会稳定》，《江西社会科学》第9期。

奂平清，2014，《福利制度是西方国家危机的根源吗？——兼论中国社会福利研究的理论自觉》，《教学与研究》第2期。

黄洪，2013，《"无穷"的盼望——香港贫困问题探析》，香港：中华书局（香港）有限公司。

黄洪，2004，《香港劳工的边缘化与劳工政策》，载陈锦华、王志铮编《香港社会政策评论》，香港：香港中文大学出版社。

黄黎若莲，2001，《"福利国"、"福利多元主义"和"福利市场化"探索与反思》，人大复印资料《社会保障制度》第1期。

黄黎若莲，2008，《香港的社会福利模式、特征和功能》，《社会保障研究》第1期。

《"伙伴倡自强"营运社企一览表》，2018，http：//www.esr.gov.hk/files/tc/SE%20List.pdf。

江海宗，2005，《香港贫富差距扩大的远因近忧》，《紫荆杂志》8月3日。

江亮演，1990，《社会救助的理论与实务》，台北：桂冠图书出版公司。

〔美〕杰弗里·萨克斯，2007，《贫穷的终结》，上海：上海人民出版社。

〔英〕卡尔·波兰尼，2016，《巨变：当代政治与经济的起源》，北京：社会科学文献出版社。

康晓光，2001，《NGO扶贫行为研究》，北京：中国经济出版社。

《跨越九十年代香港社会福利白皮书》，1991，香港：政府印务局。

〔英〕莱恩·多亚尔、伊恩·高夫，2008，《人的需要理论》，北京：商务印书馆。

〔美〕莱斯特·萨拉蒙，2002，《全球公民社会：非营利部门视角》，北京：社会科学文献出版社。

〔美〕莱斯特·萨拉蒙，2008，《公共服务中的伙伴关系——现代福利国家中政府与非营利组织的关系》，北京：商务印书馆。

蓝垫，2005，《慎防扶贫制造社会分化》，《港澳特区行政与社会》第8期。

黎熙元，2008a，《后转型期香港的社会阶层流动特征及对社会意识演变的影响》，《学术研究》第9期。

黎熙元，2008b，《梦想与现实：香港的社会分层与社会流动》，北京：北京大学出版社。

李霭雯，2001，《劳工保障》，载保罗·惠廷、侯雅文等主编《香港的社会政策》，北京：中国社会科学出版社。

李春玲，2016，《准确划分中国中产阶层需要多元指标》，《人民论坛》2月刊。

李健正、赵维生，2004，《新社会政策》，香港：香港中文大学出版社。

李路路、边燕杰，2008，《制度转型与社会分层：基于2003年全国综合社会调查》，北京：中国人民大学出版社。

李强，2000，《社会分层与贫富差别》，厦门：鹭江出版社。

李强，2016，《我国社会结构、社会分层的新特征新趋势》，《北京日报》5月30日。

李强、王昊，2017，《我国中产阶层的规模、结构问题与发展对策》，《社会》第3期。

李实、詹鹏，2016，《中国经济增长与减缓贫困》，载李培林、魏后凯主编《中国扶贫开发报告（2016）》，北京：社会科学文献出版社。

李彦昌，2004，《城市贫困与社会救助研究》，北京：北京大学出版社。

〔英〕理查德·蒂特马斯，2011，《蒂特马斯社会政策十讲》，长春：吉林出版集团有限责任公司。

练路，2014，《不让任何人因贫穷得不到医疗服务》，新浪财经，http://finance.sina.com.cn/leadership/mroll/20140107/173017872720.shtml。

梁祖彬，2003，《香港非政府福利机构的发展：角色与挑战》，载范丽珠编《全球化下的社会变迁与非政府组织》，上海：上海人民出版社。

梁祖彬，2007，《香港的社会政策：社会保护与就业促进的平衡》，《二十一世纪》6月号。

刘曼容，2009，《港英政治制度与香港社会变迁》，广州：广东人民出版社。

刘敏，2011，《经济快速发展过程中的贫富差距问题——香港的经验启示》，《广西社会科学》第6期。

刘敏，2009，《贫困治理范式的转变——兼论其政策意义》，《甘肃社会科学》第5期。

刘敏，2013，《社会资本与多元化贫困治理——来自逢街的研究》，北京：社会科学文献出版社。

刘敏，2014，《适度普惠理论视角下香港社会福利制度的经验与启示》，《澳门理工学报》第3期。

刘敏，2015，《适度普惠型社会福利制度——中国福利现代化的探索》，北京：中国社会科学出版社。

刘兆佳，2016，《香港社会的政制改革》，北京：中信出版集团股份有限公司。

刘兆佳等，2006，《社会发展的趋势与挑战：香港与台湾的经验》，香港：中文大学香港亚太研究所。

刘祖云、刘敏，2005，《农民：一个典型的结构性弱势群体》，《学习论坛》第6期。

刘祖云、刘敏，2009，《香港的贫困及救助：从理论到现实的探讨》，《中南民族大学学报》（人文社会科学版）第4期。

陆学艺，2001，《当代中国社会阶层研究报告》，北京：社会科学文献出版社。

陆学艺，2004，《当代中国社会流动》，北京：社会科学文献出版社。

陆学艺，2010，《当代中国社会结构》，北京：社会科学文献出版社。

吕大乐，2015，《香港模式：从现在式到过去式》，香港：中华书局（香港）有限公司。

〔美〕罗伯特·普特南，2017，《我们的孩子》，北京：中国政法大学出版社。

〔美〕马丁·瑞沃林，2005，《贫困的比较》，北京：北京大学出版社。

〔美〕马修·德斯蒙德，2018，《扫地出门：美国城市的贫穷与暴利》，桂林：广西师范大学出版社。

莫家豪，2011，《金融危机后的东亚"生产主义福利体制"——基于我国香港和澳门地区的个案研究》，《浙江大学学报》（人文社科版）第 1 期。

莫泰基，1993，《香港贫穷与社会保障》，香港：中华书局（香港）有限公司。

莫泰基，1997，《急需制订贫穷线》，《灭贫季刊》第 1 期。

莫泰基，1999，《香港灭贫政策探索》，香港：三联书店有限公司。

Neil Gilbert、Paul Terrell，2003，《社会福利政策导论》，上海：华东理工大学出版社。

〔美〕尼尔·吉尔伯特，2004，《社会福利的目标定位——全球发展趋势与展望》，北京：中国劳动社会保障出版社。

欧阳达初、黄和平，2017，《未完成的香港社会保障：批判的导论》，香港：中华书局（香港）有限公司。

潘燕，2010，《香港中产阶层观察》，《瞭望》第 23 期。

彭华民，2007，《福利三角中的社会排斥——对中国城市新贫穷社群的一个实证研究》，上海：上海人民出版社。

彭华民，2010，《论需要为本的中国社会福利转型的目标定位》，《南开学报》（哲学社会科学版）第 4 期。

钱志鸿、黄大志，2004，《城市贫困、社会排斥和社会极化——当代西方城市贫困研究综述》，《国外社会科学》第 1 期。

强世功，2008，《中国香港：文化与政治的视野》，香港：牛津大学出版社。

《全球化程度 香港世界第一》，2011，《法制晚报》1 月 25 日。

〔加拿大〕R. 米什拉，2007，《社会政策与福利政策——全球化的视角》，北京：中国劳动社会保障出版社。

《社会保障统计数字》，2006，社会福利署网站。

世界银行，1990，《1990 年世界发展报告：贫困问题》，北京：中国财政经济出版社。

世界银行，2001，《2000/2001 年世界发展报告：与贫困作斗争》，北京：中国财政经济出版社。

世界银行，2006，《2006 年世界发展报告：公平与发展》，http://www.ctchealth.org.cn/file/wdr06.pdf。

世界银行，2009，《2009 年世界发展报告：重塑世界经济地理》，北京：清华大学出版社。

世界银行，2012，《2012 年世界发展报告：性别平等与发展》，北京：清华大学出版社。

世界银行，2013，《2013 年世界发展报告：就业》，北京：清华大学出版社。

世界银行，2015，《2015 年世界发展报告：思维、社会与行为》，北京：清华大学出版社。

世界银行，2017，《"亚洲奇迹"加剧不平等》，《欧洲时报（内参）》，12 月 6 日。

世界银行，2018，《2017 年世界发展报告：治理与法律》，北京：清华大学出版社。

世界银行编写组，2003，《全球化、增长与贫困》，北京：中国财政经济出版社。

思汇政策研究所，2005，《三方合作研究：本地研究及参与》（研究报告）。

斯蒂芬·戈德史密斯、威廉·埃格斯，2008，《网络化治理：公共部门的新形态》，北京：北京大学出版社。

〔德〕斯坦因·库勒，2007，《福利社会与发展中的斯堪的纳维亚福利国家》，《南京师大学报》（社会科学版）第 5 期。

宋林霖，2016，《社会流动中的"结构性"阶层固化：政治学的解释与应对》，《行政论坛》第 4 期。

唐钧，2010，《贫富差距：事实与原因》，《中国党政干部论坛》第 6 期。

田凯，2004，《中国的非营利部门与城市反贫困治理》，《学术探索》第 3 期。

王春光，2006，《警惕我国贫富差距的代际传承和趋固化问题》，《中国党政干部论坛》第 9 期。

王国良，2005，《中国扶贫政策——趋势与挑战》，北京：社会科学文献出版社。

王名，2001，《NPO 及其在扶贫开发中的作用》，《清华大学学报》（哲学社会科学版）第 1 期。

王思斌，2002，《社会转型中的弱势群体》，《社会学》第 6 期。

王小林，2017，《贫困测量：理论与方法》，北京：社会科学文献出版社。

王卓祺，2011，《东亚国家和地区福利制度——全球化、文化与政府角色》，北京：中国社会出版社。

王卓祺，2007，《社会福利做的好事！减低贫富悬殊的社会功能》，《信报》6月 29 日。

〔美〕威廉·朱利叶斯·威尔逊，2007，《真正的穷人：内城区、底层阶级和公共政策》，上海：上海人民出版社。

韦革，2009，《贫困理论和政府扶贫实践的社会资本逻辑》，《中国行政管理》第 9 期。

文军、王世军，2004，《非营利组织与中国社会发展》，贵阳：贵州人民出版社。

〔美〕乌德亚·瓦尔格，2003，《贫困再思考：定义和衡量》，《国际社会科学》第 1 期。

吴清军，2006，《走向集体贫困：一个单位型社区 20 年的变迁》，《中国与世界观察》第 1 期。

吴忠泽、陈金罗，1996，《社团管理工作》，北京：中国社会出版社。

〔日〕武川正吾，2011，《福利国家的社会学：全球化、个体化与社会政策》，北京：商务印书馆。

夏庆杰等，2007，《中国城镇贫困的变化趋势和模式：1988~2002》，《经济研究》第 9 期。

《香港大瞭望》编写组，1996，《香港大瞭望》，深圳：海天出版社。

香港房屋委员会，2016，《公共租住房屋人口及住户报告》，http://www.housingauthority.gov.hk/sc/about-us/publications-and-statistics/index.html。

香港扶贫委员会，2005，《政府扶贫政策及措施资料便览》2 月 18 日，资料文件第 2/2005 号。

香港扶贫委员会，2006，《有关政策局推行或正在策划的纾缓及预防贫穷措施》（附件），载《扶贫委员会2006年1月有关政策局推行的扶贫政策》。

香港扶贫委员会，2007，《扶贫委员会报告》。

香港扶贫委员会，2014，《2013年香港残疾人士贫穷情况报告》，12月。

香港扶贫委员会，2016，《关爱基金》，10月。

香港扶贫委员会，2016，《2015年香港贫穷情况报告》。

香港扶贫委员会，2017，《2016年香港贫穷情况报告》。

香港乐施会，2010，《香港在职贫困家庭状况》。

香港乐施会，2011，《食物通胀下贫穷家庭生活状况调查（内容摘要）》。

香港乐施会，2015，《香港在职贫穷报告2010年至2014年》。

香港乐施会，2017，《香港贫穷问题的民意调查报告撮要》，http：//www.oxfam.org.hk/content/98/content_31586sc.pdf。

香港理工大学应用社会科学系第三部门研究中心，2008，《携手扶弱基金资助计划中的民商协作评估研究》，http：//www.swd.gov.hk/storage/asset/section/720/PFD_report_final_w3c20181119154611.pdf。

香港理工大学应用社会科学系第三部门研究中心，2012，《携手扶弱基金评估研究》，http：//www.swd.gov.hk/storage/asset/section/720/PFD_evaluative_study_Final_Report_29_Feb_2012_rev_w3c20181119154557.pdf。

《香港贫穷情况主要数字》，2007，香港扶贫委员会网站，http：//www.cop.gov.hk。

香港强积金管理局，2014，《香港强积金管理局2012~2013年报统计数据》。

香港社会服务联会，2004a，《扶贫纾困，共建和谐社会》，载向香港特别行政区行政长官提交的周年建议书，12月。

香港社会服务联会，2004b，《社会发展指数2004年发布会》，7月26日。

香港社会服务联会，2006，《香港愿景2012：迈向可持续和共融的社会》，11月6日。

香港社会服务联会，2011，《2001~2010年香港贫穷统计数字》。

香港社会服务联会，2012a，《香港匮乏及社会排斥研究报告》，http：//www.hkcss.org.hk/databank.asp。

香港社会服务联会，2012b，《香港匮乏及社会排斥研究：领取综援人士、残疾人士家庭、长者的匮乏及社会排斥状况》，http：∥www. hkcss. org. hk/data-bank. asp。

香港社会服务联会、乐施会，1996，《香港低开支住户开支模式研究》。

香港社会福利署，1998a，《香港社会福利发展五年计划1998年检讨》。

香港社会福利署，1998b，《投入社会，自力更生：综合社会保障援助计划检讨报告书》，香港：政府印务局。

香港社会福利署，2003，《香港社会福利署年报2004~2005》。

香港社会福利署，2005，《香港社会福利署年报2004~2005》。

香港社会福利署，2007，《社会保障》，载于《香港社会福利的架构、功能及主要服务》，1月17日。

香港社会福利署，2011，《社会福利署回顾2009~2010 & 2010~2011》。

香港社会福利署，2013，《社会福利署回顾2011~2012及2012~2013》，http：∥www. swd. gov. hk/doc_ sc/annualreport2013/SWD% 20Review% 202011-13-SC-text. pdf。

香港社会福利署，2015，《社会福利署回顾2013~2014及2014~2015》。

香港社会福利署，2016，《综合社会保障援助计划小册子》，http：∥www. swd. gov. hk/doc/social-sec1/CSSAP052016C. pdf。

香港社会福利署，2017，《自力更生综合就业援助计划》。

香港社会福利署，2019a，《自力更生支援计划》，http：∥www. swd. gov. hk/sc/index/site_ pub-svc/page_ socsecu/sub_ supportfor/。

香港社会福利署，2019b，http：∥www. swd. gov. hk/tc/index/site_ pubsvc/page_ socsecu/sub_ introducti/。

香港社会福利署，2019b，《综援长者广东及福建省养老计划》，http：∥www. swd. gov. hk/sc/index/site_ pubsvc/page_ socsecu/sub_ portableco/。

香港社会福利咨询委员会，2011，《香港社会福利长远规划报告书》。

《香港十大富豪家产占香港GDP的35%》，2016，凤凰财经，5月25日。

《香港十等分收入组别住户占全港住户总收入的百分比及坚尼系数（1981~2001）》，2004，载香港社会服务联会《社会发展指数2004年发布会》，7月26日。

香港特别行政区立法会秘书处，2004，《基尼系数》，立法会秘书处数据便览，

12月6日。

香港特别行政区政府,2000,《2000年政府施政报告:以民为本》。

香港特别行政区政府,2001,《2001年施政报告:巩固实力,投资未来》。

香港特别行政区政府,2005,《2005年政府施政报告:合力发展经济,共建和谐社会》。

香港特别行政区政府,2015,《2014年香港贫穷情况报告》,http://www.povertyrelief.gov.hk/sim/archives.html。

香港特别行政区政府,2016,《2015年香港贫穷情况报告》,http://www.povertyrelief.gov.hk/sim/archives.html。

香港特别行政区政府统计处,2000,《第二十七号专题报告书》。

香港特别行政区政府统计处,2001,《残疾人士的社会经济情况》,主题性住户统计调查报告,8月。

香港特别行政区政府统计处,2003a,《香港统计月刊》11月。

香港特别行政区政府统计处,2003b,《香港的发展(1967~2002)统计图表集》。

香港特别行政区政府统计处,2005,《1995年至2004年综合社会保障援助计划的统计数字》,《香港统计月刊》7月。

香港特别行政区政府统计处,2006a,《综合住户统计调查按季统计报告书》,7~9月。

香港特别行政区政府统计处,2006b,《香港的女性及男性主要统计数字》。

香港特别行政区政府统计处,2009,《香港社会及经济趋势(2009年版)》。

香港特别行政区政府统计处,2013,《香港统计年刊(2013年版)》。

香港特别行政区政府统计处,2015,《香港统计年刊(2015年版)》,http://www.statistics.gov.hk/pub/B10100032015AN15B0100.pdf。

香港特别行政区政府统计处,2016,《香港统计年刊(2016年版)》,http://www.statistics.gov.hk/pub/B10100032016AN16B0100.pdf。

香港特别行政区政府统计处,2017a,《香港统计年刊(2017年版)》。

香港特别行政区政府统计处,2017b,《2016年中期人口统计主题性报告:香港的住户收入分布》。

香港特别行政区政府统计处，2018a，《香港2016年中期人口统计——主题性报告：单亲人士》，2月9日。

香港特别行政区政府统计处，2018b，《香港统计年刊（2018年版）》。

香港特别行政区政府中央政策组，2004，《香港第三部门的现况研究》，www. info. gov. hk/cpu/english/new. htm。

香港特区立法会福利事务委员会，2006，《社区投资共享基金——进度报告》（内部讨论文件）。

香港《文汇报》社评，2005，《文汇报》1月15日。

香港《文汇报》社评，2013，《自力更生支持计划助就业27%成功》，《文汇报》1月25日。

香港医院管理局，2013，《香港医院管理局统计年报2011～2012》。

向雪琪、林曾，2017，《社会组织扶贫的理论基础与实践空间》，《中南民族大学学报》（人文社会科学版）第5期。

亚洲开发银行，2004，《加强亚太地区的减贫工作》，http://www.adb.org/Documents/Translations/Chinese/Enhanced-Poverty-Reduction-Strategy-CN.pdf。

燕继荣，2006，《投资社会资本——政治发展的一种新维度》，北京：北京大学出版社。

杨冬民，2010，《社会排斥与我国的城市贫困——一个理论框架的分析》，《思想战线》第3期。

杨团、孙炳耀，2005，《资产社会政策与中国社会保障体系重构》，《江苏社会科学》第2期。

尤安山，2011，《解读香港中产阶层》，《沪港经济》11月刊。

余绳武、刘存宽，1994，《十九世纪的香港》，北京：中华书局。

俞可平，2003，《全球化与政治发展》，北京：社会科学文献出版社。

俞可平，2000，《治理与善治》，北京：社会科学文献出版社。

〔美〕约翰·肯尼思·加尔布雷思，2009，《富裕社会》，南京：江苏人民出版社。

岳经纶、温卓毅，2012，《新公共管理与社会服务：香港的案例》，《公共行政评论》第3期。

张宏伟，2017，《社会组织扶贫的困境与出路》，《人民论坛》第 35 期。

张建华等，2010，《贫困测度与政策评估：基于中国转型时期城镇贫困问题的研究》，北京：人民出版社。

赵佳佳、韩广富，2016，《香港社会组织扶贫及其启示》，《理论与改革》第 2 期。

赵黎青，1998，《非政府组织与可持续发展》，北京：经济科学出版社。

赵维生等，1997，《另眼相看：九十年代社会政策批判》，香港：香港政策透视出版社。

赵永佳、吕大乐，2006，《检验全球化城市的社会两极化论：1990 年代后的香港》，载刘兆佳等编《社会发展的趋势与挑战：香港与台湾的经验》，香港：香港中文大学亚太研究所。

郑功成，2002，《中国的贫困问题与 NPO 扶贫的发展》，《中国软科学》第 7 期。

郑功成，2005，《社会保障概论》，上海：复旦大学出版社。

郑功成，2007，《社会保障是经济发展的包袱吗》，《北京日报》4 月 18 日。

郑之灏，2004，《探究青少年失业问题：请给青年机会和希望》，载陈锦华、王志铮编《香港社会政策评论》，香港：香港中文大学出版社。

郑志龙，2007，《社会资本与政府反贫困治理策略》，《中国人民大学学报》第 6 期。

中国发展研究基金会，2007，《中国发展报告 2007——在发展中消除贫困》，北京：中国发展出版社。

中国发展研究基金会，2009，《构建全民共享的发展型社会福利体系》，北京：中国发展出版社。

中国扶贫基金会等，2001，《中国 NGO 反贫困北京宣言》，http：∥www.gsei.com.cn/aboutgansu/ziliao/gqbgk/200206/811.htm。

中国社区主导发展，2007，《政府主导型发展与社区主导型发展的区别》，http：∥www.cdd.org.cn/uploadFiles/200704/200743132439532.pdf。

周永新，1982，《富裕城市中的贫穷——香港贫穷现象剖析》，香港：天地图书有限公司。

周永新，1988，《香港社会福利政策纵横论——续篇》，香港：天地图书有限公司。

周永新，1991，《香港社会福利政策评估》，香港：天地图书有限公司。

周永新，1994，《社会保障和福利争议》，香港：天地图书有限公司。

周永新，1995，《社会福利的观念和制度》，香港：中华书局（香港）有限公司。

周永新，1998，《社会福利的观念和制度》，香港：中华书局（香港）有限公司。

周永新，2013，《社会政策的观念和制度》，香港：中华书局（香港）有限公司。

周永新，2014，《真实的贫穷面貌：综观香港社会60年》，香港：中华书局（香港）有限公司。

庄巨忠，2012，《亚洲的贫困、收入差距与包容性经济增长——度量、政策问题与国别研究》，北京：中国财政经济出版社。

《综合住户统计调查按季统计报告书》，2004，转引自香港社会服务联会向香港特别行政区行政长官提交的周年建议书《扶贫纾困，共建和谐社会》，12月。

〔日〕佐藤俊树，2008，《不平等的日本——告别"全民中产"社会》，南京：南京大学出版社。

英文文献

Alcock, 1993, *Understanding Poverty*, London: Macmillan Press.

Andreas Bergh, 2004, "The Universal Welfare State: Theory and the Case of Sweden," *Political Studies*, Vol. 52.

Berghman, J., 1995, "Social Exclusion in Europe: Policy Context and Analytical Framework," in G., Room (ed.) *Beyond the Threshold: The Measurement and Analysis of Social Exclusion*, Bristol: The Policy Press.

Carey Oppenheim & Lisa Harker, 1996, *Poverty: The Facts*, London: Child Poverty Action Group.

Chow, N. W. S., 2003, "New Economy and New Social Policy in East and Southeast Asian Compact, Mature Economies: the Case of Hong Kong," *Social Policy & Administration*, Vol. 37 (4).

Christian Aspalter, 2006, "The East Asian Welfare Model," *Journal of Social Welfare*, Vol. 15.

CIA, 2017, The World Factbook, http://www.cia.gov/library/publications/the-world-factbook.

Ditch, J., 1999, "Full Circle: A Second Coming for Social Assistance," in J. Clasen (ed.) *Comparative Social Policy: Concepts, Theories, and Methods*, Malden, MA: Blackwell Publishers.

D. Kttle, "Sharing Power", 1993, *Public Goverhance and Private Markets*, Washington. C: Brookings Institution.

Eardley, T. et. al., 1996, *Social Assistance in OECE Countries (Volume I): Synthesis Report*, London: HMSO.

European Community, 1994, "Council Decisions on Specific Community Action to Combat Poverty," John Scott, *Poverty and Wealth: Citizenship, Deprivation and Privilege*, Longman Press.

Gordon, D. et al., 2000, *Poverty and Social Exclusion in Britain*, New York: Joseph Rowntree Foundation.

Gordan Marshall, 1994, *Oxford Concise Dictionary of Sociology*, Oxford University Press.

Health and Welfare Bureau, Hong Kong, 2001, *Final evaluation report on support for self-reliance scheme*, Social Welfare Advisory Committee Paper, No. 17/01.

Heppell, T. S., 1973, "Social Security and Social Welfare: A 'New Look' from Hong Kong: Part One," *Journal of Social Policy*, Vol. 2, No. 3.

Hjorth. P., 2003, "Knowledge development and management for urban poverty alleviation," *Habitat International*, Vol. 27.

Holliday, Ian, 2000, "Productivist Welfare Capitalism: Social Policy in East Asia," *Political Study*, Vol. 48.

Hong Kong Government, 1977, "Help for Those Least Able to Help Themselves: A Program of Social Security Development," Hong Kong: Government Printer.

Howell, F., 2001, "Chapter 7 Social Assistance: Theoretical Background," in I. Ortiz (ed.) *Social Protection in Asia and the Pacific*, Asian Development Bank.

J. Midgley, 1999, "Growth, Redistribution and Welfare: toward social investment," *Social Service Review* (March).

John Page, 2008, "*Strategies for Pro-Poor Growth: Pro-Poor, Pro-Growth or Both,*" *Journal of African Economies*, Vol. 15, No. 4.

Jones, C., 1990, *Promoting Prosperity: The Hong Kong Way of Social Policy*, Hong Kong: Chinese University Press.

Jones, C., 1993, "The Pacific Challenge: Confucian Welfare States," in C. Jones (ed.) *New Perspectives on the Welfare State in Europe*, London: Routledge.

Karl, M., 2000, *Monitoring and Evaluating Stakeholder Participation in Agriculture and Rural Development Projects: A Literature Review*, http: www.fao.org/sd/Ppdirect/Ppre0074.htm.

Knight Frank, 2017, *The Wealth Report: The Global Perspective on Prime Property and Investment*, http://www.knightfrank.com/wealthreport/2017/download.aspx.

Kuznets, S., 1955, "Economic Growth and Income Inequality," *American Economic Review*, Vol. 45, No. 1.

Leo F. Goodstadt, 2013, *Poverty in the Midst of Affluence: How Hong Kong Mismanaged Its Prosperity*, Hong Kong: Hong Kong University Press.

MacPherson, S., 1982, *Social Policy in the Third World*, Brighton: Harvester.

MacPherson, S., 1994, "A Measure of Dignity: Report on the Adequacy of Public Assistance Rates in Hong Kong," *Hong Kong Council of Social Services*.

Maggie K. W. Lau., 2005, "Research for Policy: Mapping Poverty in Hong Kong and the Policy Implications," *Journal of Societal & Social Policy*, Vol. 4/3.

Mclaughlin, Eugene, 1994, "Hong Kong: a Residual Welfare Regime," in Cochrane, Allan and Clarke, John (eds.) *Comparing Welfare States: Britain in In-*

ternational Context, London: Sage in association with Open University.

Mike Reddin, 1969, "Universality versus selectivity," The Political Quarterly, Volume 40 (1).

OECD, 1998, The Battle against Exclusion, Paris: Organization for Economic Co-operation and Development.

OECD Publishing, 2011, Government at a Glance 2011, Chapter 3: 67~68.

P. Townsend, 1993, The International Analysis of Poverty, New York: Harvester Wheatsheaf Press.

P. Townsend, 1979, Poverty in the United Kingdom, University of California Press.

Rothstein, B., 1998, Just Institutions Matter: The Moral and Political Logic of the Universal Welfare State, Cambridge: Cambridge University Press.

Sainsbury D., 1991, "Analysing Welfare State Variations: The Merits and Limitations of Models Based on the Residual-Institutional Distinction," Scandinavian Political Studies, 14 (1).

Saraceno, C., 1997, "The Importance of the Concept of Social Exclusion," in Beck, W.; Maesen, L.; &Walker, A. (ed.) The Social Quality of Europe. Bristol: The Policy Press.

Sassen, S., 1991, The Global City: New York, London, Tokyo, Princeton: Princeton University Press.

Sen, A. K., 1993, "Capability and well—being," in M. Nussbaum, & A. Sen (eds.) The Quality of Life, Oxford: Oxford University Press.

Sen, A. K., 1997, On Economic Enequality, Expanded Edition Eith A Aubstantial Annex, Oxford: Oxford University Press.

Social Welfare Department, Hong Kong, 1998, Support for self-reliance: report on review of the CSSA.

Stephen, W. K. Chiu & Tai-lok Lui, 2004, "Testing the Global City-Social Polarisation Thesis: Hong Kong since the 1990s," Urban Studies, Vol. 41, No. 10.

Stephens, J. D., 1996, "The Scandinavian Welfare States: Achievements, Crisis, and Prospects," in G. Esping-Andersen (ed.) Welfare States in Transition,

London: Sage.

Tai-lok Lui, 2003, "Rearguard Politics: Hong Kong's Middle Class," *The Developing Economies*.

Tang, K. L., 1998, *Colonial State and Social Policy: Social Welfare Development in Hong Kong 1842~1997*, Lanham: University Press of America.

Tang, S. H., 1995, "A Critical Review of the 1995 – 1996 Budget," in S. Y. L. Cheung and S. M. H (ed.) *The Other Hong Kong Report 1995*, Hong Kong: Chinese University Press.

T. H. Marshall, 1950, *Citizenship and Social Class*, Cambridge: Cambridge University Press.

Titmuss, R. M., 1968, *Commitment to Welfare*, London: Allen and Unwin.

Titmuss, R. M., 1974, *Social Policy: An Introduction*, London: Allen & Unwin.

Turner, H. A. et al., 1980, *The Last Colony: But Whose?*, Cambridge: Cambridge University Press.

UNDP, 1996&1997, *Human Development Report*, Oxford University Press.

UNDP, 2016, *Human Development Report 2016: Human Development for Everyone*, http://report.hdr.undp.org/.

UNESC, 2005, "Decentralization for poverty reduction," *Policy dialogue of UNESC for Asia and the Pacific Committee on poverty reduction*, second session November.

Widjajanti I. Suharyo. etc., 2006, "Strengthening the Poverty Reduction Capacity of Regional Governments through Participatory Poverty Assessment," Research Report, SMERU Research Institute, December, http://www.smeru.or.id/report/research/jbic2/jbic2_eng.pdf.

Wilding, Paul, 1996, "Social Policy and Social Development in Hong Kong," *Public And Social Administration Working Paper Series*, Vol. 3.

Wilensky, H. L. & C. N. Lebeaux, 1965, *Industrial Society and Social Welfare*, New York: The Free Press.

WongC. K., 2008, "Squaring the Welfare Circle in Hong Kong—Lessons for Governance in Social Policy," *Asian Survey*, Volume XLVIII, No. 2, March/April.

World Bank, 1992, China: Strategies for Reducing Poverty in the 1990s, http://www-wds.worldbank.org/servlet/WDSContentServer/WDSP/IB/1999/09/17/000178830_98101911142185/Rendered/PDF/multi_page.pdf.

附　录

1. 扶贫委员会

2005年为应对不断恶化的贫困问题，香港特别行政区政府首次成立扶贫委员会，旨在为社会不同界别提供一个平台，共同研究贫困人士在经济、就业、教育和培训各方面的需要，并提出可行的建议，借以帮助贫困人士。委员会由财政司司长主持，除了政府中央政策组首席顾问及四位负责卫生福利、民政事务、劳工及教育政策的局长外，委员会成员亦包括有立法会议员、工商界及社会人士，非政府团体和学者等。委员会的主要职责是：研究和了解贫困人士的需要；就防预贫穷、纾缓贫困和推动自力更生提出政策建议；鼓励社会参与，界定政府、社会福利界及民间团体的角色，推动公私营机构合作和运用社会资本，以改善贫穷问题。该委员会于2007年6月30日解散。

2012年特区政府重设扶贫委员会，至今已历四届扶贫委员会。相比2005年成立的扶贫委员会，2012年重设后的扶贫委员会的规格更高、权限更大，由政务司司长担任委员会主席，民政事务局局长、劳工及福利局局长、教育局局长、食物及卫生局局长担任委员会官方委员，非官方委员来自社区、社会福利、教育、商界、医务、学界、政府部门。目前扶贫委员会下设关爱基金专责小组、社会创新及创业发展基金专责小组，致力于推动"民、商、官"三方协作，以深入探讨不同范畴的民生议题，提供具体意见及方案，促成多项扶贫助弱的政策措施落实。

扶贫委员会负责统筹协调特区政府各项扶贫工作，主要职责有：第一，定期更新"贫穷线"并据此分析监察贫穷情况,检视并按需要优化"贫穷线"分析框架;第二,检视现行政策和探讨新措施,以达致防贫及扶贫的目的,促进社会向上流动及为有特别需要的群组提供支持;第三,就扶贫议题进行研究及专题分析,以协助制定相关政策及措施;第四,监督关爱基金和社会创新及创业发展基金的运作,进行补漏拾遗和推动社会创新,以应对贫穷问题;第五,鼓励跨界别协作推动扶贫工作,并与其他政府咨询委员会就扶贫工作加强交流及联系。

2. 社区投资共享基金

2001年,时任香港特区行政长官董建华在《2001年施政报告》中指出,特区政府"要大力发挥社区基层人士的主动性,推动市民发扬守望相助、同舟共济的精神……为了支持和推动这个社会服务发展的概念,特区政府计划提供前期资金三亿元,成立'社区投资共享基金'","基金将用于由民间倡议的具体项目,务求把资源最直接送到社区基层中,以达到有效地增强民间积极性、改善社区生活质素的效果"。2002年,香港特别行政区政府拨款3亿元正式成立"社区投资共享基金",用于支持政府、企业、非政府组织通过跨界别合作在社区推行多元化的社会资本发展计划。"社区投资共享基金"是一项种子基金,除了2002年划拨的3亿元种子基金外,基金还得到来自特区政府的财政拨款以及来自企业、慈善机构、热心人士的捐赠,政府拨款主要形式有一笔过的非经常资助金、有时限的经常资助金,例如,基金于2013年获香港特别行政区立法会通过增拨2亿元。

基金致力于推广社区本位(community-based)的社会资本发展计划,推动政府机构、非政府组织、企业共同参与社区公共事务,倡导邻里与社区互信互助、社会各界共融共发展,通过建立邻里及社区网络、投资社会资本来改善贫困问题,促进社区可持续发展。基金鼓励自下而上、由社区发动的面向特定社区或全香港的社会服务项目,倡导政府、市场、第三部门共同参与公共服务供给与社会资本建立,发挥政府救助、社会互助、个人自助的协同作用,提升弱势群体及其社区的可持续发展能力。基金的主要目标有:第一,扩大社会参与，鼓励政府、企业和NPO跨界合作，发动官商民三方力量共同解决社区问题。第二，倡导社会互助，鼓励市民守望相助、互相支持，建设关怀型社区，促进社会团结。第三，发展社会资本，巩固和加强邻里及社区网络，提升个人、家庭和社区的可持续发展能力。

社区投资共享基金由香港劳工及福利局统筹监管，由社区投资共享基金委员会具体管理，负责审批基金申请计划、决定拨款额度、监察和评估受资助计划的成效、推广和发展与基金有关的社会资本发展计划、向劳工及福利局提出意见。社区投资共享基金采取项目制运作，鼓励官商民机构共同推行计划项目，具体而言，由非政府组织、社会服务机构、企业提出申请项目，由基金委员会负责审批项目，决定资助额度、监察和评估受资助计划的成效。

基金采取项目制运作，由NPO、社会服务机构、社区组织提出申请项目，基金管理机构审批项目，提供一定的资金资助，并监察项目的实施情况和成效。根据《社区投资共享基金申请指南》，申请项目应符合如下五个条件：第一，项目由社区自发推动，并能够建立和发展社区和邻里社会资本；第二，项目不以营利为目的，在推行项目时所得的任何盈利或额外收入都必须再投放于项目可持续发展；第三，全港和某一地区性的项目均可提出申请；第四，项目申请的资助期不超过三年；第五，除了个人以及政府机构外，企业、NPO和社会服务机构均可申请项目，如民间组织、社会服务机构、学术团体、注册公司、法定机构等。

基金共资助七类社会服务项目：儿童及家庭福利、建构社区能力、青少年发展、长者支援及充能、跨代共融、社会共融（包括少数族裔、新来港人士及残疾人士等）、健康关顾（包括精神及心理健康），常见的项目形式有：为老弱病残等弱势社群提供支援服务、为儿童和家长提供课余托管和假期活动、倡导商界慈善赞助、组织私人机构员工进行义工服务、社区美化计划、邻舍守护计划、导师计划、针对有需要人士建立探访小组等。

后　记

　　经过改革开放40年的快速发展,中国内地早已告别了匮乏社会,正在迈入丰裕社会的行列,2018年经济总量达到13.6万亿美元、稳居全球第二。在快速现代化的道路上,匮乏社会固有的绝对性、发展性传统贫困问题正在离我们远去,但是丰裕社会背后的相对性、结构性新型贫困问题却越来越严重。当我们享受丰裕社会的繁荣与富庶时,也面临丰裕背后贫富两极分化的阵痛;当我们赶超先发国家的发展步伐时,也遭遇他们曾有的"成长的烦恼"。

　　对于匮乏社会的绝对性、发展性传统贫困问题,我们积累了丰富的经验也取得了举世瞩目的成绩。1978年以来,中国内地实现了被世界银行称为"迄今人类历史上最快速度的大规模减贫",目前正在雄心勃勃地致力于通过精准扶贫战略实现到2020年所有贫困人口脱贫,首次解决困扰中国几千年的绝对贫困问题。对于丰裕社会的相对性、结构性新型贫困问题,我们在理论研究和政策应用上的经验尚不多。与匮乏社会的贫困相比,丰裕社会的贫困的表现形式更加多样、致贫原因更加复杂、扶贫工作更加棘手。例如,前者主要是由于经济发展水平低、社会发展程度不高,因而经济发展可以成为屡试不爽的"灵丹妙药";后者更多源于经济不平等、社会不公平,因而经济发展经常遭遇"失灵"的困境。

　　为廓清和治理丰裕社会的贫困问题做一些抛砖引玉的理论工作,这正是本书的初衷。之所以以香港为例来探讨丰裕社会的贫困问题,主要有两方面的原因。

　　一方面,香港是研究丰裕社会贫困的最佳案例之一。作为全球经济发达体中贫富差距最大的地区,香港贫富差距之大、持续时间之长,为全球发达经济体所罕见。香港在社会丰裕的背后长期饱受贫富悬殊问题的困扰，值得内地反思和警醒；其扶贫模式创新的有益经验，值得内地学习和借鉴。

另一方面，香港社会是个人研究兴趣所在。记得2006年我第一次去香港时就切身感受到了香港繁华背后的穷困：上午置身于高楼林立、车水马龙的中环，顿时被这座城市的繁华所深深吸引，但下午游走在笼屋密布、陈旧破败的深水埗不禁有种时空穿梭、恍如隔世的错觉，贫富鸿沟带来的巨大冲击让人至今难以忘怀。如果说中环象征着丰裕的香港，那么深水埗体现了贫穷的香港，这种"双面气质"的香港令人好奇想一探究她背后的社会机制。正是从那时起，我开始关注香港贫困问题、踏足香港社会研究领域并笔耕不辍至今。

本书得到了2015年度教育部人文社会科学研究青年基金项目"社会资本导向型扶贫模式及其政策应用研究"（项目批准号：15YJC840020）和2018年度深圳市哲学社会科学规划课题"深圳率先建设共建共治共享社区治理体系研究"（项目编号：SZ2018D013）的资助。这本书既是我探寻丰裕社会贫困面貌及其治理方案的一次尝试，也是对我从事香港社会研究13年心路历程的一次总结。书中部分章节内容是我主持或参与的部分课题的成果，曾以论文或其他形式公开发表，载入本书时做了较大幅度的补充、修改和完善。希望这本书能够对深化丰裕社会贫困研究起到抛砖引玉的作用，为观察和了解香港社会提供新的视角，其有不当或错误之处，恳请方家指正。

本书的完成得益于许多人的帮助。首先要感谢我的导师中山大学粤港澳发展研究院刘祖云教授，正是在恩师的指导下我完成了学术启蒙、实现了从研究生到研究者的成长，也正是在他的带领下我才得以涉足和从事香港社会研究，感谢恩师多年来给予的关心和指导。"深圳职业技术学院学术著作出版基金"为本书提供了出版资助，感谢出版基金的资助和学校对教师学术成长的关心！本书的出版得到了社会科学文献出版社的大力支持，特别要感谢群学出版分社谢蕊芬女士、杨鑫磊先生，他们为本书出版付出了许多辛劳。

最后，谨以此书献给我的妻子和女儿。感谢妻子王芳女士，她聪慧贤淑，勤劳干练，悉心照顾家人，精心操持家庭，为我潜心研究解决了后顾之忧。"执子之手，与子偕老。执子之手，夫复何求？"感谢女儿刘蕴仪小天使，和我一起在亲密的亲子关系中幸福成长，为我的生活带来了无尽的快乐、灵感和动力。和她们在一起的日子总是最快乐的时光，她们带给我的温暖的家永远是我最坚强的后盾。

刘 敏

2019 年 4 月于深圳

图书在版编目(CIP)数据

丰裕社会的贫困及其治理：香港的经验与启示 / 刘敏著. -- 北京：社会科学文献出版社，2019.7（2023.6重印）
（中国减贫研究书系. 案例研究）
ISBN 978 - 7 - 5201 - 4817 - 7

Ⅰ. ①丰… Ⅱ. ①刘… Ⅲ. ①扶贫 - 研究 - 香港 Ⅳ. ①F127.658

中国版本图书馆 CIP 数据核字（2019）第 088950 号

中国减贫研究书系. 案例研究
丰裕社会的贫困及其治理
——香港的经验与启示

著　　者 / 刘　敏

出 版 人 / 王利民
责任编辑 / 谢蕊芬
文稿编辑 / 杨鑫磊
责任印制 / 王京美

出　　版 / 社会科学文献出版社·群学出版分社（010）59367002
　　　　　 地址：北京市北三环中路甲29号院华龙大厦　邮编：100029
　　　　　 网址：www.ssap.com.cn

发　　行 / 社会科学文献出版社（010）59367028

印　　装 / 北京九州迅驰传媒文化有限公司

规　　格 / 开　本：787mm × 1092mm　1/16
　　　　　 印　张：12.5　字　数：201千字

版　　次 / 2019年7月第1版　2023年6月第2次印刷

书　　号 / ISBN 978 - 7 - 5201 - 4817 - 7

定　　价 / 69.00元

读者服务电话：4008918866

版权所有 翻印必究